KB202040

너는 꿈을 어떻게 이룰래?
논리 생각

한ㄹ

너는 꿈을 어떻게 이룰래? (논리 생각)

퍼   냄 2010년 3월 10일 1판 1쇄 박음 | 2010년 3월 15일 1판 1쇄 펴냄

지은이 리앙즈웬(梁志援)

옮긴이 이선애

펴낸이 김철종

펴낸곳 (주)한언

　　　　등록번호 제1-128호 / 등록일자 1983. 9. 30

주 소 서울시 마포구 신수동 63-14 구 프라자 6층(우 121-854)

TEL. 02-701-6616(대) / FAX. 02-701-4449

책임편집 박선미

디자인 정현영·양미정·백은미

홈페이지 www.haneon.com

e-mail haneon@haneon.com

　　　　이 책의 무단전재 및 복제를 금합니다.

　　　　잘못 만들어진 책은 구입하신 서점에서 바꾸어 드립니다.

　　　　ISBN 978-89-5596-572-8 63370

너는 꿈을
어떻게 이룰래?
논리 생각

리앙즈웬(梁志援) 지음 | 이선애 옮김

To.
_____

_____

_____

_____

_____

_____

_____

_____

_____

_____

_____

_____

_____

_____

From.
_____

'논리'는 왜 필요할까?

전구를 발명한 에디슨은 일생 동안 1,093개의 특허를 받았다고 한다. 보통 사람들은 평생에 한 번 받기도 힘든 특허를 에디슨은 어떻게 1,093개나 받을 수 있었을까? 그건 바로 에디슨이 모든 일이든 논리적으로 생각하려고 했기 때문이다.

에디슨은 대여섯 살이 될 무렵부터 늘 입버릇처럼 "왜 그럴까요?"라는 말을 했다고 한다. 이처럼 '왜'라는 의문을 갖는 것이 논리의 첫걸음이다.

어느 날, 거위가 알을 낳는 것을 본 에디슨은 어떻게 새끼가 태어나는지 궁금해졌다. 알을 따뜻하게 품어 주면 거위 새끼가 태어난다는 어머니의 말씀을 듣자마자 에디슨은 바로 닭장으로 달려갔다. 그리고 며칠 동안 꼼짝 않고 거위 알을 품었다고 한다.

사람들이 보기에 에디슨의 행동이 어리석어 보일 수도 있다. 하지만 에디슨은 어릴 때부터 모든 일에 '왜'라는 의문을 품고 그것에 대한 대답을 찾으려 했기 때문에 훗날 훌륭한 발명가가 될 수 있었다.

에디슨뿐만 아니라 마이크로소프트를 만든 빌 게이츠, 가장 지혜롭다고 전해지는 솔로몬 등 우리가 흔히 훌륭한 사람이라고 일컫는 사람들은 일련의 공통점을 갖고 있다. 그건 바로 생각의 바탕에 '논리'가 심어져 있다는 것이다.

어릴 때 '논리'를 심어 줘야 한다.

속담에도 '세 살 버릇 여든 간다.'는 말이 있듯이 한 번 길들여진 사고방식을 바꾸는 것은 무척 어렵다. 그렇기 때문에 어릴 때부터 올바른 사고 방식을 심어 주는 게 중요하다. 논리도 마찬가지다. 논리적으로 생각하고 논리적으로 행동하길 바란다면, 어릴 때 논리를 심어 줘야 한다.

세 살 버릇 여든 가듯 어릴 때 한 번 심어 준 논리는 커서도 변함없이 올

바른 길을 제시해 주는 나침반이 될 것이다. 또한 훌륭하게 자랄 수 있는 든든한 버팀목이 되어 줄 것이다.

이 책을
어떻게 활용해야
할까?

사람들은 논리를 어렵게 생각한다. 동일 원리, 배중 원리, 연역 추리, 귀납 추리 등 논리에서 쓰이는 용어 자체가 생소하기 때문이다. 하지만 사실 용어만 어려울 뿐 논리는 일상생활 곳곳에서 발견할 수 있다.

이 책은 가능한 일상생활에서 발견할 수 있는 논리의 예를 들어 설명하고자 했다. 그렇기 때문에 여러분은 본문의 내용을 읽으면서 비슷한 사례를 떠올릴 수 있다. 본문의 내용을 읽고 비슷한 사례를 찾는 연습을 해 보자. 이 과정에서 다양한 생각을 북돋워 줄 수 있으며, 저절로 논리력도 길러질 것이다.

본문의 내용에 대해 충분히 이해가 된 다음에 제시된 문제를 풀도록 하자. 문제를 푸는 이유는 얼마나 이해했는지를 파악하기 위한 것이기 때문에 틀린 것에 연연하지 말자.

중요한 것은 '반복'이다. 이해가 안 가는 부분은 이해가 갈 때까지 반복해서 읽어 보고, 틀린 문제는 반복해서 풀어 보자. 이런 과정을 통해 논리적으로 생각하는 습관을 기를 수 있다.

죽은 지식과 살아 있는 지혜

초등학교를 졸업할 때쯤 아이들의 신체 조건, 지적 수준, 사고 능력은 거의 비슷하다고 할 수 있다. 그러나 오랜 세월이 지난 후 그 결과는 사뭇 다르다. 아마도 이러한 결과를 운의 몫으로 돌리는 사람도 있을 것이다. 어떤 사람들은 운이 따르지 않아서 성공할 수 없었고, 어떤 사람들은 운 좋게 귀인을 만나 성공했다고 생각할 수도 있다. 그렇다면 행운 외에 다른 이유는 없는 것일까?

한 학년의 학업을 마쳤다는 것은 학교에서 배운 지식과 능력이 다른 사람과 별 차이가 없다는 것을 의미한다. 그런데 왜 일부분의 사람들만 배운 지식을 자유자재로 활용할 수 있을까? 그것은 그들에게 또 다른 살아 있는 지혜가 있기 때문이다.

지식 사회에서 살고 있는 우리는 그 어느 때보다 지식에 대한 욕구가 간절하다. 우리는 반드시 이전보다 더 치열하게 학습하고 많은 시간을 투자해야 한다. 예를 들면 대학을 졸업하고 나서도 전공 관련 자격증을 취득하거나 앞으로 생계유지에 필요한 전문 기술을 배워야 한다. 기초적인 전문 기술이 우리의 경쟁력을 높여 주고, 생계유지 차원에서 도움이 된다는 것은 의심할 여지가 없다. 그러나 이런 '죽은 지식'을 자유자재로 활용하려면 반드시 '산지식'을 자유자재로 활용할 수 있는 능력이 필요하다. 그렇다면 산지식을 활용할 수 있는 능력이란 무엇일까?

유명한 미래학자 존 나이스비트는 지식 사회에서 다음과 같은 네 가지 기능을 습득해야 한다고 말한다. 그것은 바로 공부하는 방법, 생각하는 방법, 창조하는 방법, 교제하는 방법이다.

같은 분야의 전문 자격증을 취득한 엔지니어 두 명이 있었다. 그중 A라는 사람은 공부하는 방법을 알고 있었기 때문에 급속하게 변화하는 시장의 요구에 맞춰 신제품 관련 지식을 파악할 수 있었고, 사람들과 교제하는 방법과 표현 능력이 뛰어났기 때문에 더 많은 주문을 받을 수 있었다. 또한 창의적인 사고방식을 가지고 있어서 어려운 문제에 부딪쳤을 때 빠르고 쉽

게 해결할 수 있었다. 그리고 과거를 반성하고 미래를 예측할 수 있는 혜안 덕분에 더욱 많은 기회를 잡을 수 있었다. 그러나 B라는 사람은 A처럼 하지 못했기 때문에 그에 비해 성공적인 삶을 살지 못했다.

죽은 지식과 산지식의 차이점

• 죽은 지식은 쉽게 시대에 뒤떨어지고 새로운 지식에 자리를 내주지만, 산지식은 평생 활용이 가능하다.

• 죽은 지식을 습득하는 데는 많은 시간이 필요하지만, 산지식은 짧은 시간 안에 쉽게 배울 수 있다. 그러나 산지식을 이해할 수도 인정할 수도 없는 사람들은 평생 걸려도 배우지 못한다.

• 죽은 지식은 일반적으로 학교에서 교과 과정을 통해 배울 수 있지만, 산지식은 언제 어디서나 정해진 틀에 얽매이지 않고 배울 수 있다.

• 죽은 지식은 평가가 가능하지만, 산지식은 정확하게 평가하기가 어렵고 긴 시간이 지나야 그 결과를 통해 알 수 있다. 그러나 확실하게 산지식을 배울 수 있다면 그 효과는 굉장하다.

성공한 사람들의 공통점이 있다면 그들은 산지식의 소유자라는 것이다. 리앙즈웬 선생이 쓴 〈너는 꿈을 어떻게 이룰래?〉 시리즈는 바로 세계적인 교육의 새로운 흐름에 따라 집필된 '산지식'이라 하겠다. 이 시리즈는 지식 사회가 요구하는 인재 육성을 위한 훌륭한 교과서다. 이 책의 특징은 어려운 문장은 피하고, 간결하고 정확한 언어를 사용했다는 점이다. 연습 문제를 통해 학생들이 쉽게 이해하고, 그 숨은 뜻을 바로 습득할 수 있도록 구성했다. 즉 이 책에서 제기된 많은 지식들은 사람들이 평생 배워도 체계적으로 터득하기 어려운 산지식이라고 자신 있게 말할 수 있다. 아이들이 이 시리즈를 통해 평생 사는 데 도움이 되는 훌륭한 지혜들을 얻기 바란다.

- 존 라우 〈너는 꿈을 어떻게 이룰래?〉 시리즈 고문

목차 | C·O·N·T·E·N·T·S

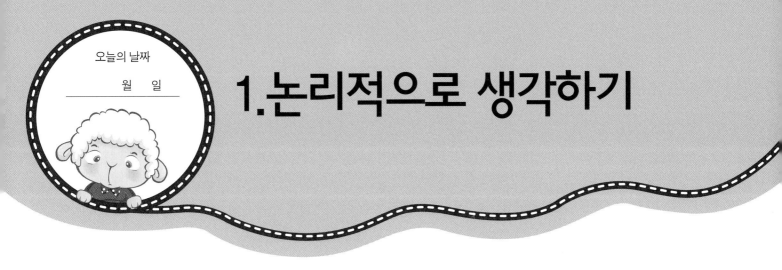

1.논리적으로 생각하기

논리는 사람에게 가장 중요한 지혜라고 할 수 있다. 따라서 논리적으로 생각하는 습관을 들이면, 세상을 살아가는 데 큰 도움을 받을 수 있다. 여기에서는 논리란 과연 무엇인지 알아보고, 논리적으로 생각하는 과정에 대해 살펴보자. 또 '기억하며 풀기'를 통해 실제로 논리적으로 생각하는 연습을 해 보자.

오늘의 배울거리

사람은 생각하는 동물!

'사람은 생각하는 동물이다.'라는 말을 들어 봤을 것이다. 이처럼 사람은 다른 동물이나 식물과는 달리 '생각'을 할 수 있다. 생각은 위대한* 힘을 가지고 있다. 얼마나 큰 힘을 가지고 있는지 한 가지 예를 통해 알아보자.

여러분이 지금 보고 있는 이 책은 무엇으로 만들어졌을까? 모두들 잘 알고 있겠지만 책은 종이로 만들어졌고 종이는 나무로 만들어졌다.

만약 나무로 종이를 만드는 방법을 생각해 내지 못했다면 교과서는 물론이고, 여러분이 좋아하는 만화책도 볼 수 없었을 것이다. 종이뿐 아니라 옷, 집, 가방, 연필 등 우리가 매일 사용하는 모든 것들은 사람의 '생각'으로 만들어진다. 이처럼 생각의 힘은 정말 대단하다.

아마 여러분들도 매일 생각을 할 것이다. 친구에게 어떤 말을 할지 생각을 할 때도 있고, 공부를 하다가 잠시 딴 생각에 빠져 어젯밤에 본 드라마 내용을 기억해 내기도 한다. 이처럼 생각은 우리 삶에서 떼어 놓을 수 없을 뿐 아니라 아주 다양하게 표현된다.

사람이라면 누구나 생각을 할 수 있다. 하지만 전구를 발명한 에디슨, 가장 지

● ● ● 낱말 풀이

위대하다 : 도량이나 능력, 업적 등이 뛰어나고 훌륭하다

● ● ● **낱말 풀이**

바탕 : 사물이나 현상의 근본을 이
루는 기초

논리 : 말이나 글에서 사고나 추리
등을 이치에 맞게 이끌어 가는 과
정이나 원리

정확하게
읽기

혜롭다고 전해지는 솔로몬 등과 같은 위인들은 보통 사람들과는 다른 방식으로 생각했다. 그들의 생각의 바탕*에는 바로 '논리*'가 있었다. 논리는 사람에게 가장 중요한 지혜라고 할 수 있다.

어떤 방패도 뚫을 수 있는 창, 어떤 창도 막아 낼 수 있는 방패?

옛날에 창과 방패를 파는 장수*가 있었다. 장수는 창을 번쩍 들어 올리며 지나가는 사람들을 향해 큰 소리로 외쳤다.

"이 창은 어떤 방패도 뚫을 수 있답니다."

사람들이 하나둘 모여들자, 이번에는 방패를 번쩍 들어 올리며 외쳤다.

"이 방패는 어떤 창도 막아 낼 수 있답니다."

그 말을 듣고 한 사람이 불쑥 물었다.

"그럼, 그 창으로 그 방패를 찌르면 어떻게 되는 겁니까?"

그러자 장수는 꿀 먹은 벙어리가 되어 슬그머니 도망쳤다.

어떤 방패도 뚫을 수 있는 '창'과 어떤 창도 막을 수 있는 '방패'가 동시에 존재*하는 것은 불가능하다. 창과 방패를 파는 장수는 정확하게 생각하지 못했기 때문에 이야기 속에서처럼 앞뒤가 맞지 않는 말을 하게 된 것이다. 창과 방패 장수처럼 어리석은 실수를 안 하기 위해서는 논리적으로 생각하는 습관을 들여야 한다. 논리적으로 생각하는 습관을 들이기 위해서는 제일 먼저 '논리'가 무엇인지 알아야 한다.

그럼 논리라는 학문을 제일 처음 만든 사람은 누구일까? "삶의 가장 궁극적인 가치는 겨우 생존하는 데 있는 것이 아니라 깨달음을 얻고 사고력을 키우는 데 있다."고 말한 그리스의 유명한 철학자 아리스토텔레스다. 지금으로부터 약 2,000년 전, 아리스토텔레스는 정확하게 생각하는 방법과 규칙*을 연구했는데, 이것이 바로 논리다.

논리적으로 생각하는 방법과 규칙은 영원히 변하지 않는다는 특징이 있다. 그렇기 때문에 정확하게 생각하는 습관, 즉 논리적으로 생각하는 습관을 들이면 남을 설득*할 수 있고, 옳고 그름을 판단*하는 능력도 키울 수 있다.

● ● ● **낱말 풀이**

장수 : 장사하는 사람

존재 : 현실에 실제로 있음

규칙 : 여러 사람이 다 같이 지키기
로 작정한 법칙 또는 질서

설득 : 상대편이 이쪽 편의 이야기
를 따르도록 여러 가지로 깨우쳐
말함

판단 : 사물을 인식하여 논리나 기
준 등에 따라 판정을 내림

지금까지 '생각'과 '논리'에 대해 살펴보았다. 이제 그 내용을 바탕으로 문제를 풀면서 확실하게 깨우치도록 해 보자. 논리는 누구나 어려워하는 공부이기 때문에 문제가 어렵다고 풀 죽지 말자. 자, 그럼 문제 속으로 풍덩 빠져 보자.

1. '논리'라는 학문*을 제일 처음 만든 사람은 어느 나라 사람일까?

① 중국   ② 그리스   ③ 이집트   ④ 로마

2. 논리의 역사는 얼마나 되었을까?

① 2,600여 년   ② 2,400여 년   ③ 2,200여 년   ④ 2,000여 년

3. 다음 중 '논리의 아버지'라고 불리는 사람은 누구일까?

① 플라톤   ② 소크라테스   ③ 아리스토텔레스   ④ 다빈치

4. 논리는 무엇을 연구한 학문일까?

① 복잡하게 생각하는 방법과 규칙   ② 정확하게 생각하는 방법과 규칙

③ 허황*되게 생각하는 방법과 규칙   ④ 간단하게 생각하는 방법과 규칙

5. 논리적으로 생각하는 방법과 규칙은 어떤 특징이 있을까?

① 끊임없이 변한다   ② 조금 변한다

③ 가끔 변한다   ④ 영원히 변하지 않는다

6. 논리적인 생각에 익숙한 사람은 어떤 특징이 있을까? (모두 선택)

① 일을 조리* 있게 한다   ② 감정의 영향을 받지 않는다

③ 상상이 아닌 사실에 관심을 갖는다   ④ 냉정하고 객관적* 이다

⑤ 옳고 그름을 판단하지 못한다

달걀 프라이와 논리의 관계는?

앞에서 우리는 '논리'가 무엇인지 살펴보고 문제도 풀어 보았다. 어려워도 포기하지 않은 여러분 스스로를 마음껏 칭찬해 주자. 이제 논리적으로 생각하기 위해서는 어떤 과정을 거쳐야 하는지 알아보자.

부모님이 요리를 하는 모습을 떠올려 보자. 부모님은 요리를 할 때, 무작정 하지 않는다. 예를 들어 달걀 프라이를 만든다고 해 보자. 우선 프라이팬에 기름을 두르고* 뜨겁게 달군다.* 그 다음엔 달걀을 깨뜨려 프라이팬에 넣고, 적당한 양의 소금으로 간을 맞추어 지글지글 익혀야 달걀 프라이가 완성된다. 달걀 프라이를 할 때는 방금 말한 순서와 규칙에 따라서 만들어야 맛있는 달걀 프라이를 먹을 수 있다.

만약 달걀 프라이를 만드는 순서를 무시하거나, 규칙을 무시한다면 어떻게 될까? 엉망진창인 달걀 프라이가 만들어질 것이다. 이처럼 달걀 프라이를 만드는 순서와 규칙을 정해둔 데는 '맛'이라고 하는 적절한 이유(근거)가 있다.

논리적으로 생각하기 위해서는 달걀 프라이와 마찬가지로 순서, 규칙, 근거가 바탕이 되어야 한다. 달걀 프라이도 여러 번 해 볼수록 맛있게 만들 수 있듯이 순서, 규칙, 근거를 바탕으로 논리적으로 생각하는 연습을 하면 여러분도 자연스레 논리적으로 생각하는 습관을 들일 수 있다.

이제 논리적으로 생각하는 과정에 대해 알아보자. 논리적으로 생각하는 과정은 다음과 같다.

첫째, 단어의 정확한 뜻이 무엇인지 알아야 한다.

만약, 부모님이 "달걀 프라이를 만들어 줄게."라고 하셨는데, 여러분은 달걀 프라이가 무엇인지 모른다면 서로 대화가 통할까? 그렇지 않다. 따라서 우리는 단어의 정확한 뜻을 알아야 한다.

둘째, 논리의 기본 법칙에 맞게 사실을 판단해야 한다.

달걀 프라이를 하기 위해서 프라이팬, 기름, 달걀, 소금 등의 재료가 필요하다는 사실을 알아야 달걀 프라이를 만들 수 있다.

셋째, 이미 알고 있는 사실을 판단하고 추리하여 결론을 얻어야 한다.

달걀 프라이를 할 때 왜 소금을 넣는 것일까? 왜 넣는 건지 곰곰이 생각해 보면 간을 맞추기 위해 넣는 것이 아닐까 추리해 볼 수 있다.

넷째, 증거를 찾아 결론이 옳다는 것을 증명해야 한다.

소금을 넣지 않고 달걀 프라이를 만들었을 때와 소금을 넣고 달걀 프라이를 만들었을 때를 비교해 보면 맛의 차이를 느낄 수 있다. 결국 소금은 간을 맞추기 위해 넣는 것이 맞다. 이처럼 증거를 찾아서 자신이 추리한 것이 옳다는 것을 증명해야 논리가 완성된다.

기억하며
풀기

지금까지 논리적으로 생각하는 과정에 대해 살펴보았다. 단어의 정확한 뜻 알기, 논리의 기본 법칙에 맞게 사실 판단하기, 이미 알고 있는 사실을 판단하고 추리하여 결론 얻기, 증거를 찾아 결론이 옳다는 것을 증명하기. 바로 이 네 가지 과정이었다. 만약, 기억하기 어렵다면, 앞에서 예를 든 '달걀 프라이'를 떠올려 보자. 보다 쉽게 기억할 수 있다. 그럼 논리적으로 생각하는 과정을 머릿속으로 곰곰이 생각하면서 문제를 풀어 보자.

● ● ● 낱말 풀이

퇴보 : 수준이 이제까지의 상태보다 뒤떨어지거나 못한 것

점진적 : 조금씩 앞으로 나아가는 것

● ● ● 낱말 풀이

증명 : 어떤 사항이나 판단 등에 대하여 그것이 진실인지 아닌지 증거를 들어서 밝힘

증거 : 어떤 사실을 증명할 수 있는 근거

1. 논리 사고의 특징은 어느 것일까? (모두 선택)

　　① 순서가 있다　　　　　② 감정이 있다

　　③ 규칙적이다　　　　　④ 점차 퇴보*한다

　　⑤ 근거가 있다　　　　　⑥ 점진적*이다

2. 우리는 결론이 옳다는 것을 증명*하기 위해 무엇을 찾아야 할까?

　　① 문제　　　② 증거*　　　③ 답안　　　④ 원인

3. 다음 중 '원'에 대해 가장 정확하게 설명한 것은 무엇일까?

　　① '원'이란 각이 없는 평면 도형이다

　　② '원'이란 동그라미의 평면 도형이다

　　③ '원'이란 각과 동그라미가 없는 평면 도형이다

　　④ '원'이란 중심에서 같은 거리로 둘러싸인 하나의 평면 도형이다

4. 다음 중 객관적인 판단에 속하는 것은 어떤 것일까?

① 케이크는 가장 맛있는 음식이다

② 절약하면 반드시 부자가 된다

③ 지구는 태양을 둘러싸고 돈다

④ 닭은 아름다운 동물이다

5. 다음 중 논리의 기본 법칙을 지킨 판단은 어느 것일까?

① 이 사과는 아주 신선해. 그런데 이미 곰팡이가 생겼어

② 날이 점점 어두워지네. 그런데 햇볕은 아직 뜨거워

③ 나는 독서를 좋아해. 그래서 새로 나온 책을 많이 샀어

④ 너무 많이 먹었어. 그런데 배고파

6. 다음 중 정확하게 추리한 것은 어느 것인가?

① 호랑이 굴 앞에는 동물들이 들어간 발자국은 있는데, 동물들이 나온 발자국은 없어. 동물들은 조용히 굴을 떠났을 거야

② 호랑이 굴 앞에는 동물들이 들어간 발자국은 있는데, 동물들이 나온 발자국은 없어. 동물들이 즐거워서 굴을 떠나기 싫은가 봐

③ 호랑이 굴 앞에는 동물들이 들어간 발자국은 있는데, 동물들이 나온 발자국은 없어. 호랑이는 이미 죽은 것 같아

④ 호랑이 굴 앞에는 동물들이 들어간 발자국은 있는데, 동물들이 나온 발자국은 없어. 아마도 굴에 들어간 동물들이 호랑이한테 다 잡아 먹혔나 봐

정확하게
읽기

일상생활 속에 녹아 있는 논리

친구에게 충격적인 이야기를 들었을 때, 어려운 시험지를 받은 순간 우리는 아무것도 그리지 않은 하얀 도화지처럼 머릿속이 새하얗게 되는 느낌을 받곤 한다.

아마도 앞의 문제를 풀면서 이런 느낌을 받았을 수도 있다. 우리는 생각지도

못했던 일이 생겼을 때, 풀기 어려운 문제를 만났을 때 이런 느낌을 받기 때문이다.

하지만 너무 걱정하지 말자. 아직 논리적으로 생각하는 것이 익숙하지 않아서 그런 것이다. 논리적으로 생각하는 것이 익숙해지면 어려운 문제를 만나도 민첩하게* 생각할 수 있기 때문에 문제를 쉽게 풀 수 있다.

사실 논리적으로 생각하는 것은 우리가 매일 숨을 쉬는 것처럼 타고난 것이어서 머리를 조금만 쓰면 누구나 논리적으로 생각할 수 있다. 그리고 자세히 살펴보면 논리가 사용되지 않는 곳이 없다. 우리가 푹 빠져서 하는 컴퓨터 게임, 친구들과 떠드는 수다에도 논리가 사용된다. 매일 일상생활 속에서 논리를 사용하고 있지만 우리 스스로가 그것을 잘 느끼지 못할 뿐이다.

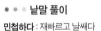

우리가 일상생활 속에서 논리를 사용한다는 사실은 참으로 놀랍다. 그만큼 논리는 짝꿍처럼 늘 가까이 있다. 그럼, 논리가 어떻게 사용되는지 문제를 통해 알아보자.

1. 논리는 무엇과도 같을까?

① 잠재력*　　② 성격　　③ 타고난 것　　④ 재주와 솜씨

2. '논리'를 배우면 어떤 점이 좋을까? (모두 선택)

① 예술적인 감각을 키울 수 있다

② 가족, 친구들과의 관계가 좋아진다

③ 사고력을 키울 수 있다

④ 창의력을 키울 수 있다

⑤ 계산기를 사용하지 않아도 계산을 잘할 수 있다

⑥ 민첩하게 생각할 수 있다

낱말 풀이

부작용 : 약이 지닌 그 본래의 작용 이외에 부수적으로 일어나는 작용. 대개 좋지 않은 경우를 이른다

간호 : 다쳤거나 앓고 있는 환자나 노약자를 보살피고 돌봄

3. 의사들은 어떻게 논리를 사용할까?

① 약의 부작용[*]을 찾아낸다

② 병을 고치는 데 드는 돈을 줄일 수 있는 방법을 찾아낸다

③ 병이 생기는 원인을 찾아낸다

④ 병이 걸린 사람을 간호[*]하는 방법을 찾아낸다

낱말 풀이

지식 : 어떤 대상에 대하여 배우거나 실천을 통하여 알게 된 명확한 인식이나 이해

4. 과학자들은 어떻게 논리를 사용할까?

① 아직 잘 모르는 지식[*]을 바탕으로 이미 알고 있는 지식을 발견한다

② 아직 잘 모르는 지식을 바탕으로 새로운 지식을 발견한다

③ 이미 알고 있는 지식을 바탕으로 이미 알고 있는 지식을 발견한다

④ 이미 알고 있는 지식을 바탕으로 새로운 지식을 발견한다

낱말 풀이

동기 : 어떤 일이나 행동을 일으키게 하는 계기

단서 : 어떤 문제를 해결하는 방향으로 이끌어 가는 일의 첫 부분

5. 경찰은 어떻게 논리를 사용할까?

① 범죄 사실을 밝힐 수 있는 장애를 찾아낸다

② 범죄 사실을 밝힐 수 있는 동기[*]를 찾아낸다

③ 범죄 사실을 밝힐 수 있는 원인을 찾아낸다

④ 범죄 사실을 밝힐 수 있는 단서[*]를 찾아낸다

논리적인 문장 고르기

오늘은 '생각'이 얼마나 큰 힘을 지니고 있는지와 '논리'가 무엇인지에 대해서 살펴보았다. 또 논리적으로 생각하는 과정, 논리가 어떻게 사용되는지도 공부했다. 오늘 배운 내용을 곰곰이 생각하면서 다음 문장이 논리적인지 살펴보자.

1. 다음 문장은 논리적일까?

나는 이 숲에서 노루를 본 적이 없어. 그러니깐 이 숲에는 노루가 없을 거야

① 맞다   ② 아니다

2. 다음 문장은 논리적일까?

> 찬수와 희선이가 같이 저녁밥을 먹더라. 둘이 사귀는 게 분명해

① 맞다   ② 아니다

3. 다음 문장은 논리적일까?

> 미국 사람한테 두 번이나 사기[*] 당했으니, 미국 사람은 전부 나쁜 사람이야

① 맞다   ② 아니다

● ● ● **낱말 풀이**

사기 : 나쁜 꾀로 남을 속임

4. 다음 문장은 논리적일까?

> 축구장이 젖어 있는 것을 보니, 비가 온 게 분명해

① 맞다   ② 아니다

5. 다음 문장은 논리적일까?

> 선생님은 "비가 올 때에만 실내에서 탁구를 할 거예요."라고 말씀하셨다. 이 말은 언제든지 실내에서 탁구를 할 수 있다는 말이다

① 맞다   ② 아니다

6. 다음 문장은 논리적일까?

> 그들이 포기하면, 성공의 기회는 없다

① 맞다   ② 아니다

7. 다음 문장은 논리적일까?

> 찬수는 훌륭한 학생이야. 그러니까 절대 거짓말은 하지 않을 거야

① 맞다   ② 아니다

8. 다음 문장은 논리적일까?

> 잘 살펴보니까 공부를 잘하는 학생은 모두 농구를 잘하더라. 만약
> 공부를 잘하고 싶으면 농구를 잘해야 해

① 맞다   ② 아니다

9. 다음 문장은 논리적일까?

> • 고양이는 동물이다
>
> • 동물은 모두 다리가 있다
>
> • 그렇기 때문에 고양이도 다리가 있다

① 맞다   ② 아니다

10. 다음 문장은 논리적일까?

> • 우리나라는 만 18세부터 선거권*을 얻을 수 있다
>
> • 희선이는 대통령 선거 때 투표를 안 했다
>
> • 아마도 희선이는 아직 만 18세가 되지 않았을 것이다

① 맞다   ② 아니다

● ● ● **낱말 풀이**

선거권 : 선거에 참가하여 투표할
수 있는 권리

11. 다음 문장은 논리적일까?

> • 오렌지가 바나나보다 조금 비싸
>
> • 내가 가진 돈은 바나나 두 개를 사기에는 부족해
>
> • 그렇기 때문에 내가 가진 돈으로는 오렌지를 살 수 없을 거야

① 맞다   ② 아니다

12. 다음 문장은 논리적일까?

> • 나는 학교와 동물원 사이에 살고 있어
>
> • 학교는 동물원과 기차역 사이에 있어
>
> • 그러니까 나는 결국 학교와 기차역 사이에 살고 있는 거야

① 맞다   ② 아니다

머릿속에 넣기

❶ 논리는 사람에게 가장 중요한 지혜이다.

❷ 논리는 정확하게 생각하는 방법과 규칙을 연구하는 학문이다.

❸ 논리적으로 생각하는 방법과 규칙은 영원히 변하지 않는다.

❹ 논리적으로 생각하는 과정은 다음과 같다.

첫째, 단어의 정확한 뜻 알기

둘째, 논리의 기본 법칙에 맞게 사실 판단하기

셋째, 이미 알고 있는 사실을 판단하고 추리하여 결론 얻기

넷째, 증거를 찾아 결론이 옳다는 것을 증명하기

❺ 논리적으로 생각하는 것이 익숙해지면 민첩하게 생각할 수 있다.

❻ 우리는 일상생활 속에서 논리를 사용한다.

논리 퀴즈

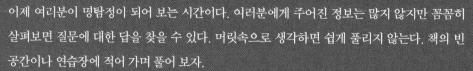

이제 여러분이 명탐정이 되어 보는 시간이다. 여러분에게 주어진 정보는 많지 않지만 꼼꼼히 살펴보면 질문에 대한 답을 찾을 수 있다. 머릿속으로 생각하면 쉽게 풀리지 않는다. 책의 빈 공간이나 연습장에 적어 가며 풀어 보자.

미궁 속에 빠진 사건을 해결할 준비가 끝났다면 이제 시작하자. 준비된 문제는 오직 5개뿐이다. 빨리 해결하는 것도 중요하지만 정확하게 해결하는 것이 더 중요하다. 여러분이 탐정이고 문제가 범인을 찾는 것이라고 했을 때, 여러분이 범인을 잘못 찾는다면 억울하게 누명을 쓰는 사람이 생기게 된다. 절대 서두를 필요는 없다. 차분히 생각하면서 옳은 답을 구해 보자.

첫 번째 문제

찬수, 선미, 승원이는 어느 집에 살고 있을까?

어느 마을에 한 줄로 쭉 늘어선 세 집이 있었다. 각각의 집에는 찬수, 선미, 승원이가 살고 있다. 선미네 집 오른쪽에는 찬수가 살고 있다. 그리고 승원이는 1번 집이나 2번 집에 살고 있다.

생각해 보자. 찬수, 선미, 승원이는 과연 어느 집에 살고 있을까?

두 번째 문제

서랍 안에서 같은 색깔의 양말 한 켤레를 꺼내려면 어떻게 해야 할까?

희선이는 가족들과 함께 저녁 식사를 하기 위해 외출을 하기로 했다. 머리도 다시 묶고, 옷도 외출복으로 갈아입었다. 이제 양말만 신으면 외출 준비 끝! 그런데 이게 웬일일까? 갑자기 전기가 나갔다. 희선이는 깜깜해서 아무것도 안 보이는 상태에서 양말을 찾아야 한다.

서랍 안에는 까만색 양말 다섯 켤레와 흰색 양말 다섯 켤레가 있다. 서랍 안에서 양말을 가장 적게 꺼내고 짝을 맞출 수 있는 방법을 찾아보자. 희선이는 몇 개의 양말을 꺼내야 같은 색깔의 양말로 짝을 맞출 수 있을까? 희선이가 짝짝이 양말을 신어서 창피하지 않도록 도와주자.

세 번째 문제 3

혜련, 찬수, 승원이의 직업은 무엇일까?

혜련, 찬수, 승원이는 한 회사에서 일을 하고 있다. 이 회사에서 그들은 각각 세일즈맨, 비서, 마케터의 일을 하고 있다. 혜련, 찬수, 승원이는 각각 어떤 일을 하고 있을까?

이들 중 세일즈맨은 결혼을 안 했고, 키가 제일 작다. 찬수는 혜련이의 사위이고, 키는 비서보다 크다. 이제 혜련, 찬수, 승원이의 직업이 무엇인지 찾아보자.

네 번째 문제 4

찬수, 선미, 혜련이는 몇 학년일까?

희선이는 학생회 회장이다. 학생회는 일주일에 한 번씩 회의실에 모여서 회의를 한다. 학생회는 학생회 회장인 희선이와 중1, 중2, 중3 학생 각각 한 명으로 이루어져 있다. 그들은 회의를 할 때 탁자에 둘러앉는데, 탁자에는 각각의 자리가 정해져 있다.

희선이는 찬수의 왼쪽에, 선미는 중1 학생의 오른쪽에 앉는다. 찬수의 맞은편에 앉아 있는 혜련이는 중2 학생이 아니다. 그럼 찬수, 선미, 혜련이는 각각 몇 학년일까?

Tip | 희선이가 탁자의 아래쪽에 앉는다고 생각하고 문제를 풀자. 그런 다음 나머지 학생들이 어디에 앉는지 생각해 보자.

다섯 번째 문제 5

누가 승원이의 스케이트를 타고 있을까?

승원, 희선, 찬수 세 사람이 공원에서 인라인 스케이트를 타다 서로 내기를 했다. 서로 다른 사람의 스케이트를 신었을 때, 누가 가장 빨리 달리는지 알아보기로 말이다. 스케이트를 바꿔 신은 김에 안전 모자도 서로 바꿔 썼다(안전 모자와 스케이트는 한 세트가 아니다). 남의 것이 익숙하지 않아서인지 승원, 희선, 찬수는 비틀거리며 타고 있다.

찬수의 모자를 쓴 사람이 희선이의 스케이트를 타고 있다면, 누가 승원이의 스케이트를 타고 있을까?

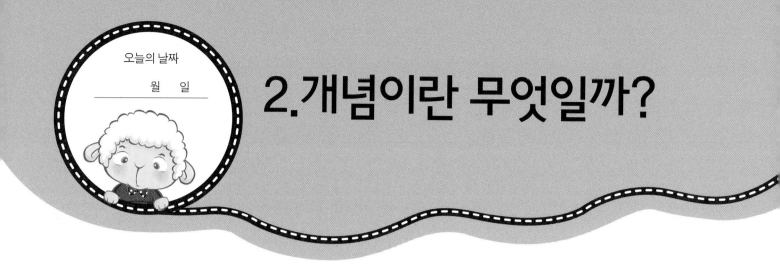

2.개념이란 무엇일까?

논리적으로 생각하기 위해서는 '개념'에 대해 확실히 밝혀 두어야 한다. 개념은 단어가 지닌 뜻이나 일반적인 지식을 가리키는데, 개념을 확실히 밝혀 두지 않으면 서로 의사소통을 하는 데 오해가 생길 가능성이 높다. 여기에서는 개념이란 무엇이고, 개념의 종류에는 어떤 것들이 있는지, 개념 사이의 관계는 어떠한지 살펴보자.

오늘의 배울거리

먹는 '밤'일까, 어두운 '밤'일까?

단짝 친구인 희선이와 승원이가 수다를 떨며 길을 걷고 있었다. 어제 본 만화책 내용에 대해 한참 이야기를 하던 희선이가 뜬금없이 승원이에게 물었다.

"나는 밤이 정말 좋아. 너는 어때?"

승원이는 잠시 생각하더니 대답했다.

"나는 밤은 어두워서 싫은데…. 나는 밝은 게 좋거든."

그러자 희선이는 한참 동안 배꼽을 잡고 웃었다. 승원이가 어리둥절해 하며 희선이를 바라보자 희선이는 손가락으로 어딘가를 가리켰다. 희선이가 가리킨 곳에는 군밤 장수 아저씨가 군밤을 팔고 있었다

가족, 친구, 선생님, 길 물어보는 사람, 물건을 사다가 만나는 사람 등 우리는 살면서 많은 사람들을 만난다. 그리고 우리는 그들과 인기 드라마 속 주인공에 대한 이야기도 나누고, 이제 곧 닥칠 시험에 대한 이야기도 나눈다. 이외에도 운동, 여행, 게임 등 다양한 주제*로 이야기를 나누곤 한다.

하지만 이야기를 하다 보면 어떤 '단어'에 대해 오해*가 생기기도 한다. 앞의

● ● ● ● 낱말 풀이

주제 : 대화나 연구 등에서 중심이 되는 문제

오해 : 그릇되게 해석하거나 뜻을 잘못 앎. 또는 그런 해석이나 이해

희선이와 승원이 이야기에서 희선이가 말하는 '밤'은 '먹는 밤'이고 승원이가 생각한 '밤'은 '낮의 반대'를 뜻하는 말이었다. 이처럼 우리는 어떤 단어에 대해 그 뜻을 잘못 이해하기도 한다.

희선이와 승원이 이야기는 그냥 웃고 넘어갈 수 있는 정도의 오해였지만, 어떤 경우에는 오해의 정도가 심해서 서로 다툼이 생기기도 한다. 그렇기 때문에 헷갈리는 단어의 경우, 그것이 무엇을 뜻하는지 확실하게 밝혀 두어야 서로 오해가 생기지 않는다.

정확하게 읽기

오해를 피하는 방법!

자유, 희망, 별, 하늘, 바다 등 우리가 평소에 사용하는 단어의 수는 얼마나 될까? 아마 셀 수도 없이 많을 것이다. 이렇게 수없이 많은 단어들은 각각 나름대로의 '뜻'을 지니고 있다.

'자유'라는 단어를 예로 들어 보자. 만약 누군가가 여러분에게 '자유가 뭔가요?'라고 묻는다면, 여러분은 어떻게 대답할 수 있을까? 어떤 사람은 '어떤 것에도 얽매이지 않는 것'이라고 대답할 수 있을 것이고, 또 어떤 사람은 '자기 마음대로 행동하는 것'이라고 대답할 수 있을 것이다. 이것이 바로 자유라는 단어가 지닌 '뜻'이다. 이처럼 단어가 지닌 뜻이나 그 단어에 대해 사람들이 가지고 있는 일반적인 지식을 가리켜 '개념'이라고 한다.

우리는 어떠한 개념을 다른 사람에게 전달*할 때 말, 글, 그림 등을 이용한다. 하지만 이를 전달하는 과정에서 오해가 생기기도 한다. 같은 단어를 완전히 다른 개념으로 받아들이거나, 같은 개념을 서로 다른 단어로 표현하는 경우가 있기 때문이다.

예를 들어, '말이 빠르다.'는 문장에서 '말'은 대화를 할 때 사용되는 말인지, 달리는 말인지 알 수 없다. 이것이 바로 말이라고 하는 같은 단어를 서로 다른 개념으로 받아들이는 경우이다.

이번에는 '그 아이는 생각이 없다.'와 '그 아이는 개념이 없다.'라는 문장을 살펴보자. 이때 '생각'과 '개념'은 다른 단어이지만 같은 뜻으로 쓰였다. 이것이

• • • 낱말 풀이
전달 : 지시, 명령, 물품 등을 다른 사람이나 기관에 전하여 이르게 함

같은 개념을 서로 다른 단어로 표현하는 경우다.

우리가 '오늘의 배울 거리'에서 배웠듯이 서로 오해를 하지 않기 위해서는 단어의 뜻, 즉 '개념'을 확실히 밝혀 두어야 한다.

기억하며 풀기

● ● ● 낱말 풀이

촉각 : 물건이 피부에 닿아서 느껴지는 감각

우리는 앞에서 '개념'이 무엇인지, 왜 개념을 확실히 밝혀 두어야 하는지 알아보았다. 개념이라는 단어가 처음에는 어렵게 느껴질 수 있다. 하지만 여러분이 다들 알고 있는 하늘이라는 단어도 사실 처음 접했을 때는 어려웠을 것이다. 이처럼 개념이라는 단어도 앞의 내용을 반복해서 읽고, 문제를 풀다 보면 어느 순간 자연스럽게 머릿속에 새겨질 것이다.

1. 다른 사람에게 개념을 전달할 때 우리는 무엇을 이용할까? (모두 선택)

① 글   ② 그림   ③ 언어   ④ 촉각*   ⑤ 영상

2. 다른 사람과 이야기를 할 때 오해가 생기는 이유는 무엇일까? (모두 선택)

① 같은 개념도 서로 다른 단어로 표현할 수 있어서

② 같은 개념은 같은 단어로 표현하기 때문에

③ 서로 다른 개념은 서로 다른 단어로 표현하기 때문에

④ 같은 단어라도 서로 다른 개념을 의미할* 수 있어서

⑤ 같은 단어는 같은 개념만을 의미하기 때문에

⑥ 서로 다른 단어는 서로 다른 개념을 의미하기 때문에

● ● ● 낱말 풀이

의미하다 : 말이나 글이 무엇을 뜻하다

3. 다음 문장에서 혼동하기 쉬운 단어는 무엇일까?

> 교육청 공문*에 따르면 2000년 서울에는 2만 명의 졸업생이 있다고 한다

① 교육청   ② 공문   ③ 서울   ④ 졸업생

● ● ● 낱말 풀이

공문 : 공공 기관이나 단체에서 공식으로 작성한 서류

4. 다음 문장에서 혼동하기 쉬운 단어는 무엇일까?

> 아주 오래전부터 사람들이 한반도에 거주*하고 있었다

① 아주 오래전   ② 사람   ③ 한반도   ④ 거주

● ● ● **낱말 풀이**
거주 : 일정한 곳에 머물러 삶

5. 다음 문장이 명확하지 않다면, 그 이유는 어떤 부분 때문일까? (모두 선택)

> 미국에서 미용실에 한 번 갈 때 드는 돈은 우리나라 보통 노동자 급여*의 세 배에 해당한다

① 미실에 한 번 갈 때 드는 돈이 얼마인지 명확하게 나열하지 못했다

② 급여가 무엇인지 설명하지 않았다

③ 보통 노동자의 뜻을 확실히 밝히지 않았다

④ 보통 노동자의 급여가 얼마인지 확실하지 않다

● ● ● **낱말 풀이**
급여 : 돈이나 물품 등을 줌. 또는 그 돈이나 물품

6. 다음 문장에서 가장 명확하지 않은 부분은 어떤 부분일까?

> 최근 일본에서 밝힌 연구 결과에 따르면, 15세 이하의 젊은이가 매일 2시간 이상 컴퓨터 게임을 하면 다른 대다수*의 사람보다 우울증에 걸릴 확률이 높다고 한다

① 15세 이하의 젊은이   ② 2시간 이상의 컴퓨터 게임

③ 대다수 사람보다   ④ 우울증

● ● ● **낱말 풀이**
대다수 : 거의 모두 다

7. 똑같은 뜻을 지닌 단어를 찾아보자. (모두 선택)

① 손뼉을 치다─박수   ② 강냉이─옥수수

③ 사망─세상을 뜨다   ④ 견(犬)─개

⑤ 엉덩이─둔부*   ⑥ 아버지─부친

⑦ 자녀─여자   ⑧ 모친─어머니

● ● ● **낱말 풀이**
둔부 : 엉덩이

●●● **낱말 풀이**

추하다 : 옷차림이나 언행 등이 지
저분하고 더럽다. 외모 등이 못생
겨서 흉하게 보이다

8. 다음 밑줄 친 내용 중 서로 의미가 다른 것끼리 짝지어진 것은 무엇일까?

① 아름다운 여자─아름다운 저녁   ② 완벽한 외모─완벽한 성격

③ 추한[*] 용모─추한 동물   ④ 어두운 사회─어두운 밤

정확하게
읽기

이승기는 단독 개념, 빅뱅은 보통 개념!

우리가 흔히 텔레비전에서 볼 수 있는 가수들을 떠올려 보자. 가수들 중에는
솔로 가수가 있고 그룹 가수가 있다. 이때 솔로 가수는 단독 개념으로, 그룹 가
수는 보통 개념으로 비유할 수 있다.

예를 들어 솔로 가수 이승기는 이 세상에 딱 한 명뿐이다. 이처럼 이 세상에 둘
도 없는 사물이나 존재를 나타내는 개념이 바로 단독 개념이다. 이승기뿐 아
니라 대한민국, 아인슈타인 등 이 세상에 하나밖에 없는 것이 바로 단독 개념
의 예이다.

그렇다면 보통 개념은 무엇일까? 그룹 가수 빅뱅의 멤버에는 G─드래곤, 태
양, 승리, 대성, 탑이 있다. 이때 G─드래곤, 태양, 승리, 대성, 탑을 대표하는
단어가 바로 그룹 이름인 '빅뱅'이다. 이처럼 어떤 한 부류[*]를 대표하는 개념
이 바로 보통 개념이다. 한 가지 예를 더 들어 보자. 대한민국, 영국, 미국, 일
본 등을 묶어서 한 마디로 뭐라고 할 수 있을까? 바로 '나라'이다. 이때 나라가
바로 보통 개념이다.

지금까지 단독 개념과 보통 개념에 대해 알아보았다. 한 마디로 정리하면, 단
독 개념과 보통 개념을 나누는 기준은 '이 세상에 하나밖에 없는가.'와 '여러 개
를 대표하는 것인가.'로 나눌 수 있다고 볼 수 있다.

단독 개념과 보통 개념이 이해가 갔다면, 이제 집합 개념과 비집합 개념에 대
해 알아보자. 예를 들어, 학교에서 전국 농구 대회에 나가기 위해 '농구팀'을
꾸렸는데 희선, 찬수, 승원, 혜련, 선미가 그 팀원으로 뽑혔다고 해 보자. 결국
농구팀은 희선, 찬수, 승원, 혜련, 선미를 포함[*]하는 하나의 '집합'인 것이다. 이
때 농구팀이 바로 '집합 개념'이다.

이번에는 팀원을 자세히 살펴보자. 희선이는 찬수를 포함할까? 그렇지 않다.

●●● **낱말 풀이**

부류 : 동일한 범주에 속하는 대상
들을 일정한 기준에 따라 나누어
놓은 갈래

포함 : 어떤 사물이나 현상 가운데
함께 들어 있거나 함께 넣음

그렇다면 찬수는 승원이를 포함할까? 이것 역시 그렇지 않다. 이처럼 다른 무언가를 포함하지 못하는 개념을 '비집합 개념'이라고 한다. 즉 집합 개념과 비집합 개념을 나누는 기준은 '포함하는가.', '포함하지 않는가.'에 있다고 할 수 있다.

기억하며
풀기

우리는 앞에서 개념의 종류에 대해 알아보았다. 다시 한 번 짚고 넘어가자. 개념의 종류에는 두 가지가 있다. 단독 개념과 보통 개념, 집합 개념과 비집합 개념이 바로 그것이다. 이때 세상에 하나밖에 없는 것은 단독 개념, 여러 개를 대표하는 것은 보통 개념이다. 그리고 무언가를 포함하는 것은 집합 개념, 어떤 것도 포함하지 않는 것은 비집합 개념이다. 다음 문제를 풀어 보면서 개념의 종류를 머릿속에 정리해 보자.

1. 다음 밑줄 친 부분은 어떤 개념일까?

<u>찬수</u>를 찾고 있어

① 단독 개념   ② 보통 개념

2. 다음 밑줄 친 부분은 어떤 개념일까?

우리 학교에 <u>찬수</u>라는 이름을 가진 사람은 아마 10명도 넘을 거야

① 단독 개념   ② 보통 개념

3. 다음 밑줄 친 부분은 어떤 개념일까?

그들은 <u>농구부</u>야

① 집합 개념   ② 비집합 개념

4. 다음 밑줄 친 부분은 어떤 개념일까?

그는 <u>농구 선수</u>야

① 집합 개념   ② 비집합 개념

● ● ● **낱말 풀이**

헤밍웨이 : 미국의 소설가(1899~1961). 제1차 세계 대전 때 종군한 경험을 바탕으로, 현실과 용감하게 싸우고 패배하는 인간의 모습을 간결하고 힘찬 문체로 묘사하였다. 1954년에 노벨 문학상을 받았다. 작품에 《노인과 바다》, 《무기여 잘 있거라》, 《누구를 위하여 종은 울리나》 등이 있다

작품 : 만든 물품. 예술 창작 활동으로 얻어지는 제작물

● ● ● **낱말 풀이**

권리 : 어떤 일을 행하거나 타인에 대하여 당연히 요구할 수 있는 힘이나 자격. 공권, 사권, 사회권이 있다

5. 다음 밑줄 친 부분은 어떤 개념일까?

> 헤밍웨이*의 <u>작품</u>은 정말 대단해

① 집합 개념　　　　　　② 비집합 개념

6. 다음 밑줄 친 부분은 어떤 개념일까?

> '노인과 바다'는 헤밍웨이의 <u>작품</u>*이야

① 집합 개념　　　　　　② 비집합 개념

7. 다음 밑줄 친 부분은 어떤 개념일까?

> 민주주의 나라에서 <u>국민</u>은 자유롭게 살 권리*가 있다

① 집합 개념　　　　　　② 비집합 개념

8. 다음 밑줄 친 부분은 어떤 개념일까?

> 오직 <u>국민</u>이야말로 나라의 주인이 될 수 있다

① 집합 개념　　　　　　② 비집합 개념

9. 다음 밑줄 친 부분은 어떤 개념일까?

> <u>수학 문제</u>는 풀고 또 풀어도 끝이 없어

① 집합 개념　　　　　　② 비집합 개념

10. 다음 밑줄 친 부분은 어떤 개념일까?

> 이 문제는 <u>수학 문제</u>야

① 집합 개념　　　　　　② 비집합 개념

11. 다음 밑줄 친 부분은 어떤 개념일까?

> <u>한국인</u>은 부지런해

① 집합 개념   ② 비집합 개념

12. 다음 밑줄 친 부분은 어떤 개념일까?

> 나는 <u>한국인</u>이야

① 집합 개념   ② 비집합 개념

정확하게 읽기

개념과 개념 사이에도 인연이 있다?

'인연'이라는 말을 한 번쯤은 들어 본 적이 있을 것이다. 우리는 살면서 여러 사람을 만나고, 그들과 각각 다른 방식으로 관계*를 맺는다. 친구 관계, 스승과 제자 관계, 부모와 자식 관계 등이 바로 그 예다. 사람 관계뿐만 아니라 '개념' 사이에도 여러 가지 관계가 있다. 여기에서는 개념 사이에 어떤 관계가 있는지 알아보자.

첫째, '서로 같은 관계'가 있다.

두 개념이 같은 것을 가리킬 때, 두 개념은 '서로 같은 관계'에 있다고 할 수 있다. 예를 들어, 희선이는 학교에서 희선이라고 불리지만, 집에서는 애칭으로 공주라고 불린다고 해 보자. 이 상황에서 '희선'과 '공주'라는 개념은 서로 같은 관계다. '프랑스의 수도는 파리이다.'라는 문장에서 프랑스의 수도와 파리 또한 서로 같은 관계라는 것을 알 수 있다.

둘째, '종속* 관계'가 있다.

'종속 관계'는 큰 개념이 작은 개념을 포함하는 관계다. 학교와 초등학교라는 두 개념을 잘 살펴보면, 학교가 초등학교보다 큰 개념이고, 초등학교가 학교에 포함된다는 것을 알 수 있다. 즉 학교와 초등학교는 종속 관계이다.

셋째, '교차* 관계'가 있다.

두 개념에서 서로 겹치는 부분이 있을 때, '교차 관계'에 있다고 한다. 학생과

● ● ● ● **낱말 풀이**
관계 : 둘 이상의 사람, 사물, 현상 등이 서로 관련을 맺거나 관련이 있음. 또는 그런 관련
종속 : 다른 것에 속해 있거나 딸려 붙어 있음
교차 : 서로 엇갈리거나 마주침

여자라는 두 개념을 잘 살펴보자. 학생 중 일부는 여자일 것이다. 그리고 여자 중 일부는 학생일 것이다. 이렇게 서로 겹치는 부분이 있기 때문에 학생과 여자는 교차 관계이다.

넷째, '서로 다른 관계'가 있다.

두 개념이 겹치는 부분이 전혀 없고, 서로 다른 것을 가리킬 때 두 개념은 '서로 다른 관계'다. 예를 들어, 여자와 남자라는 개념이 있다고 해 보자. 여자이면서 남자일 수 없고, 남자이면서 여자일 수는 없다. 그리고 여자, 남자 두 개념이 가리키는 대상도 다르다. 이때 여자와 남자는 서로 다른 관계인 것이다.

기억하며 풀기

앞에서 배운 개념 사이의 관계를 정리해 보자. 네 가지가 있었다. '서로 같은 관계', '종속 관계', '교차 관계', '서로 다른 관계'였다. 각각의 관계가 어떤 것이었는지 머릿속에 찬찬히 떠올리면서, 문제를 풀어 보자.

1. 다음 두 개념은 어떤 관계일까?

A: 여성	B: 작가

① 서로 같은 관계

A = B

② 종속 관계

B
A

③ 교차 관계

A B

④ 서로 다른 관계

A   B

2. 다음 두 개념은 어떤 관계일까?

A: 소나무	B: 식물

① 서로 같은 관계

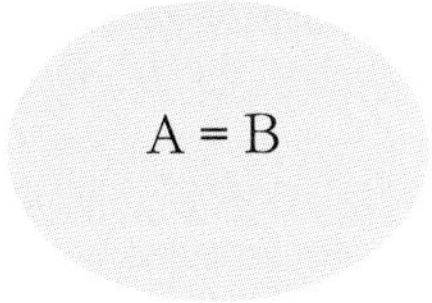

A = B

② 종속 관계

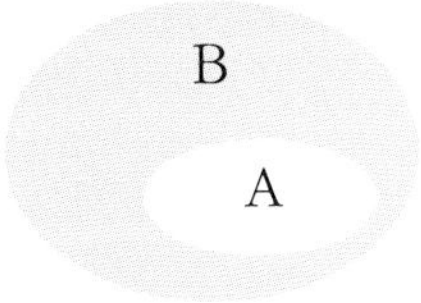

B

A

③ 교차 관계

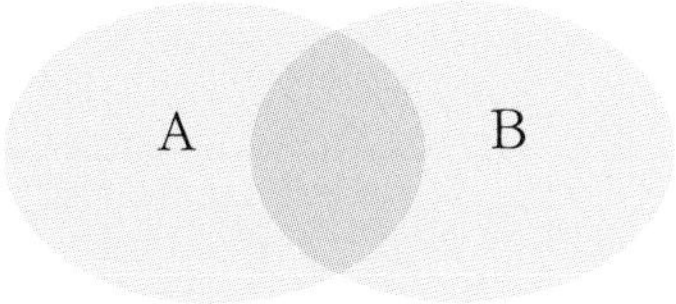

A　　B

④ 서로 다른 관계

A　　B

3. 다음 두 개념은 어떤 관계일까?

A: 정사각형	B: 직사각형

① 서로 같은 관계

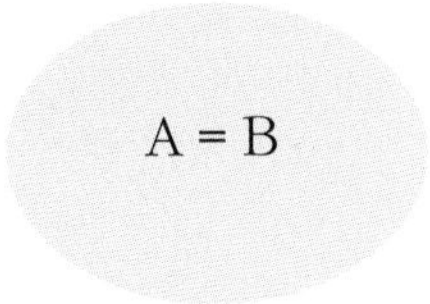

A = B

② 종속 관계

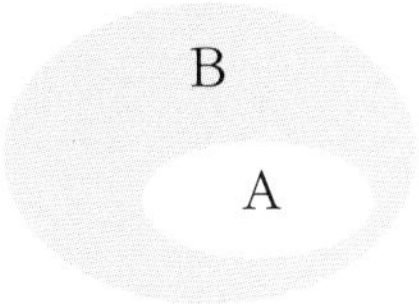

B

A

③ 교차 관계

A　　B

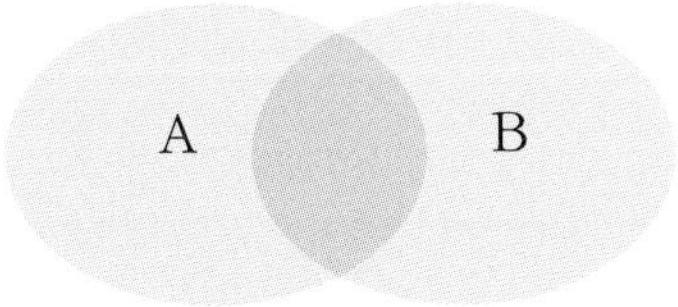

④ 서로 다른 관계

A　　B

● ● ● **낱말 풀이**

부친 : 아버지를 정중히 이르는 말

4. 다음 두 개념은 어떤 관계일까?

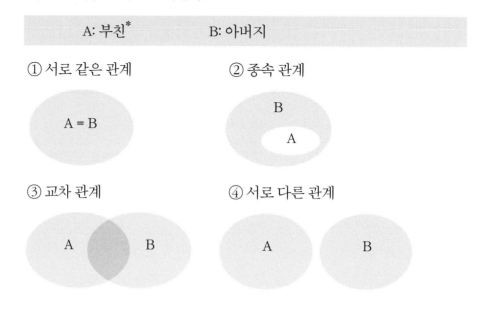

| A: 부친* | B: 아버지 |

① 서로 같은 관계

A = B

② 종속 관계

B
A

③ 교차 관계

A B

④ 서로 다른 관계

A B

● ● ● **낱말 풀이**

유행 : 특정한 행동 양식이나 사상 등이 일시적으로 많은 사람의 추종을 받아서 널리 퍼짐

5. 다음 두 개념은 어떤 관계일까?

| A: 아름다운 것 | B: 유행*하는 것 |

① 서로 같은 관계

A = B

② 종속 관계

B
A

③ 교차 관계

A B

④ 서로 다른 관계

A B

6. 다음 두 개념은 어떤 관계일까?

A: 화살	B: 무기

① 서로 같은 관계

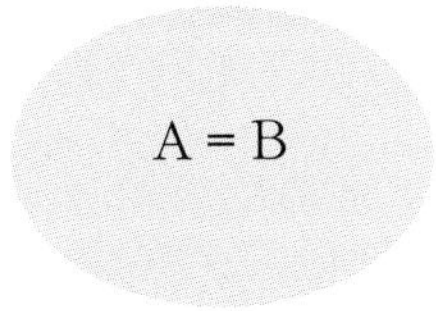

A = B

② 종속 관계

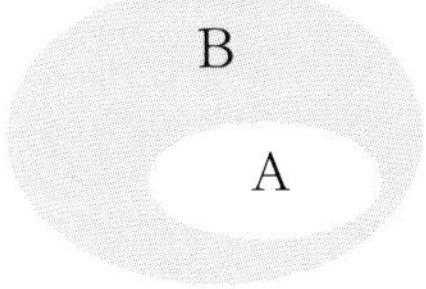

B
A

③ 교차 관계

A   B

④ 서로 다른 관계

A   B

7. 다음 두 개념은 어떤 관계일까?

A: 영국 문학	B: 유럽 문학

① 서로 같은 관계

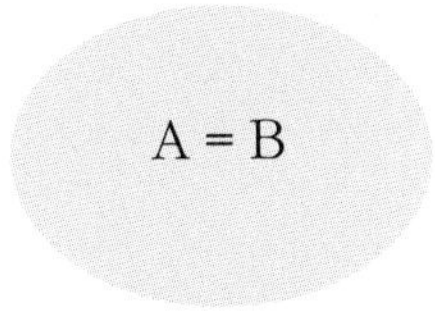

A = B

② 종속 관계

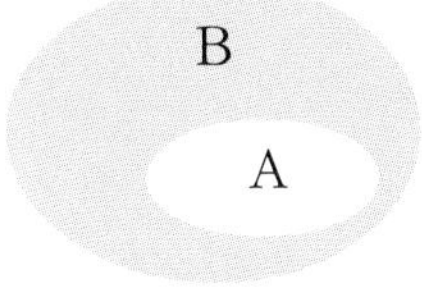

B
A

③ 교차 관계

A   B

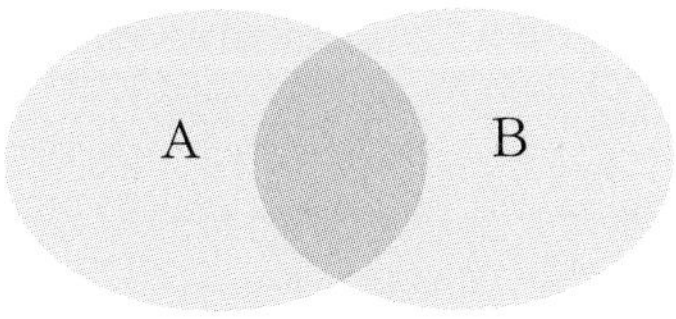

④ 서로 다른 관계

A   B

8. 다음 두 개념은 어떤 관계일까?

A: 학생   B: 교사

① 서로 같은 관계

A = B

② 종속 관계

B
A

③ 교차 관계

A   B

④ 서로 다른 관계

A   B

9. 다음 두 개념은 어떤 관계일까?

A: 강도   B: 살인자

① 서로 같은 관계

A = B

② 종속 관계

B
A

③ 교차 관계

A   B

④ 서로 다른 관계

A   B

10. 다음 두 개념은 어떤 관계일까?

A: 서울	B: 우리나라의 수도

① 서로 같은 관계

A = B

② 종속 관계

B

A

③ 교차 관계

A　　B

④ 서로 다른 관계

A　　　B

머릿속에 넣기

1 개념이란 단어가 지닌 뜻이나 일반적인 지식을 가리킨다.

2 오해가 생기지 않도록 개념을 확실히 밝혀 두어야 한다.

3 개념의 종류는 다음과 같다.

　첫째, 단독 개념과 보통 개념

　둘째, 집합 개념과 비집합 개념

4 개념 사이의 관계는 다음과 같다.

　첫째, 서로 같은 관계

　둘째, 종속 관계

　셋째, 교차관계

　넷째, 서로 다른 관계

논리
퀴즈

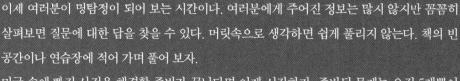

이제 여러분이 명탐정이 되어 보는 시간이다. 여러분에게 주어진 정보는 많지 않지만 꼼꼼히 살펴보면 질문에 대한 답을 찾을 수 있다. 머릿속으로 생각하면 쉽게 풀리지 않는다. 책의 빈 공간이나 연습장에 적어 가며 풀어 보자.

미궁 속에 빠진 사건을 해결할 준비가 끝났다면 이제 시작하자. 준비된 문제는 오직 5개뿐이다. 빨리 해결하는 것도 중요하지만 정확하게 해결하는 것이 더 중요하다. 여러분이 탐정이고 문제가 범인을 찾는 것이라고 했을 때, 여러분이 범인을 잘못 찾는다면 억울하게 누명을 쓰는 사람이 생기게 된다. 절대 서두를 필요는 없다. 차분히 생각하면서 옳은 답을 구해 보자.

첫 번째 문제

1. 장난감 상자에 제대로 이름을 붙여 주자.

승원이는 빨간색 장난감이 담긴 상자, 파란색 장난감이 담긴 상자, 빨간색 장난감과 파란색 장난감이 함께 담긴 상자를 가지고 있다. 이 세 개의 상자에는 '빨강', '파랑', '빨강과 파랑'이라는 이름이 붙어 있다. 그런데 지금 상자에 붙여진 이름은 사실 다 잘못 붙인 것이다.

승원이는 장난감 상자에 제대로 이름을 붙이기로 마음먹었다. 장난감을 오직 하나만 꺼내볼 수 있다면, 승원이는 어떤 상자의 장난감을 꺼내야 각각의 장난감 상자에 제대로 된 이름을 붙일 수 있을까?

두 번째 문제

2. A, B, C 선생님의 담당 과목은 무엇일까?

선미네 학교에는 A, B, C 세 선생님이 있다. 이 선생님들은 국어, 영어, 수학을 담당한다. 이들 중 영어 선생님은 젊은 여선생님이고, A선생님은 수업 시간에 오직 한국어로 수업을 한다. C선생님은 수학 선생님의 형이라고 한다면, 이 세 선생님은 각각 어떤 수업을 담당할까?

나무 상자 3에는 무엇이 들어 있을까?

찬수는 아버지 심부름으로 망치를 찾으러 창고에 갔다가 나무 상자 4개를 발견했다. 각각의 상자에는 다음과 같은 내용이 쓰여 있었다.

> 나무 상자 1 : 모든 나무 상자 안에는 케이블이 있음
>
> 나무 상자 2 : 이 상자 안에는 전등이 있음
>
> 나무 상자 3 : 이 상자 안에는 밧줄이 없음
>
> 나무 상자 4 : 어떤 상자 안에는 케이블이 없음

상자에 붙어 있는 내용 중 하나만이 진짜일 때, 나무 상자 3에는 무엇이 들어 있을까?

Tip | 서로 반대되는 내용을 찾자. 그들 중 하나는 진짜다.

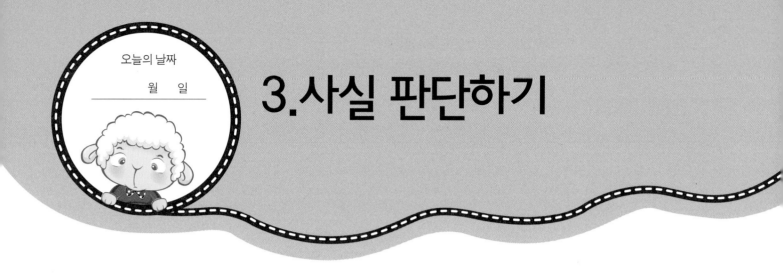

3.사실 판단하기

매 순간 우리가 하는 '생각'은 '판단'을 기초로 하고 있다. 판단은 어떤 사물이나 상황에 대해 사실인지 아닌지, 옳은지 그른지 따져 보는 것인데, 눈으로 볼 수도 만질 수도 없으므로 말이나 글 등을 통해 표현된다. 여기에서는 판단이란 무엇이고 판단의 종류에는 어떤 것들이 있는지 알아보자.

오늘의 배울거리

도라에몽을 보기 위해서!

혜련이는 친구와 놀이터에서 즐겁게 모래성을 쌓다가 문득 자신의 손목시계를 보았다.

"앗! 벌써 오후 4시나 됐어! 빨리 집에 가서 숙제해야지."

화들짝 놀라는 혜련이의 반응에 친구가 고개를 갸우뚱하며 물었다.

"아직 그렇게 늦은 시간도 아닌데 왜 그렇게 놀라는 거야? 숙제는 이따 저녁에 해도 되잖아. 조금만 더 놀자."

더 놀기를 바라는 친구에게 혜련이가 곤란*한 표정을 지으며 말했다.

"저녁 6시에 도라에몽을 봐야 하는데, 그 전에 숙제를 안 해 놓으면 엄마가 텔레비전을 못 보게 해서."

개념을 확실히 밝혔다면, 이제 판단을 해야 한다. 판단은 어떤 사물이나 상황에 대해 사실인지 아닌지, 옳은지 그른지를 따져 보는 것이다. 사실 우리는 매 순간 판단을 하고 있는 것이나 다름없다. 우리의 머릿속에 매 순간 떠오르는 생각들은 사실 판단을 바탕으로 하고 있기 때문이다.

● ● ● **낱말 풀이**

곤란 : 사정이 몹시 딱하고 어려움.
또는 그런 일

친구와 재미있게 놀고 있던 혜련이는 오후 4시를 가리키고 있는 시계를 보고, '빨리 집에 가서 숙제를 해야지!'라는 생각을 했다. '빨리 집에 가서 숙제를 해야지!'라는 생각은 어떤 '판단'을 바탕으로 하고 있는 걸까?

혜련이는 매일 저녁 6시에 텔레비전에서 방영되는 만화를 즐겨 본다. 하지만 부모님은 오늘 해야 할 숙제를 다 끝내지 못하면 텔레비전을 못 보게 하신다. 결국 혜련이가 '빨리 집에 가서 숙제를 해야지!'라는 생각을 하게 된 것은 '지금 집에 가서 숙제를 해야 6시에 방영하는 만화를 볼 수 있어.'라는 판단이 밑바탕에 깔려 있기 때문이다. 이처럼 매 순간 하는 우리의 생각은 판단을 바탕으로 하고 있다.

정확하게
읽기

지혜로운 솔로몬

옛날에 솔로몬이라고 하는 지혜로운 왕이 있었다. 어느 날 갓난아이를 두고 서로 자기 아이라고 우기는 두 명의 여인이 솔로몬을 찾아왔다. 그들은 솔로몬에게 아이의 진짜 엄마가 누구인지 밝혀 달라고 부탁했다. 솔로몬은 난감했다. 누가 아이의 진짜 엄마인지 가리기* 어려웠기 때문이다. 한참을 골똘히 생각하던 솔로몬은 신하에게 칼을 가져오라고 했다. 두 여인이 의아한* 눈빛으로 쳐다보자 솔로몬이 말했다.

"누가 진짜 엄마인지 판단할 수 있는 증거가 없으니, 공평하게 아이를 둘로 나누어 가지도록 해라."

신하가 솔로몬의 명령대로 칼을 들자, 한 여인이 칼을 막아서며 애원*했다.

"아이를 저에게 주시지 않아도 좋으니, 부디 아이만은 살려 주세요."

울며 애원하는 이 여인과는 달리, 다른 여인은 아무렇지도 않은 모습이었다. 이를 지켜본 솔로몬은 판결*을 내렸다.

"아이를 살려 달라고 애원한 여인이 진짜 엄마이니, 아이를 그 여인에게 돌려주어라."

진짜 엄마라면 자신의 아이가 죽도록 내버려 두지 않을 것이라고 솔로몬은 판단했던 것이다. 이 판결을 지켜보던 백성들은 정말 지혜로운 판결이라고 입을

● ● ● ● 낱말 풀이
가리다 : 잘잘못이나 좋은 것과 나쁜 것 등을 따져서 분간하다
의아하다 : 의심스럽고 이상하다
애원 : 소원이나 요구 등을 들어 달라고 애처롭게 사정하여 간절히 바람
판결 : 법원이 변론을 거쳐 소송 사건에 대하여 판단하고 결정하는 재판

모아 칭찬했다고 한다.

'순간의 선택이 평생을 좌우한다.'는 말을 들어 봤을 것이다. 우리는 실제로 책, 텔레비전 등에서 순간의 선택으로 인생이 바뀐 이야기를 많이 본다. 그만큼 '선택'이 정말 중요하다는 얘기다. 그렇다면 올바른 선택을 하기 위해서는 어떻게 해야 할까?

어떤 선택을 하는 것이 옳은지 꼼꼼히 따져 봐야 한다. 이처럼 옳은지, 옳지 않은지 따져 보는 것이 바로 '판단'이다. 결국 올바른 선택을 위해서는 올바른 판단을 해야 한다.

우리는 살아가면서 판단을 하고, 선택을 해야 하는 순간을 맞이하곤 한다. 하지만 선택의 순간에 솔로몬처럼 올바른 판단을 하는 것이 쉬운 일은 아니다. 올바른 판단을 내리기 위해서는 판단하고자 하는 사물이나 상황 자체*를 있는 그대로 받아들여야 하며, 그것을 바탕으로 논리적인 생각을 해야 한다.

기억하며 풀기

앞에서 우리는 '판단'이 무엇이고 올바른 판단을 하기 위해서 어떻게 해야 하는지 알아보았다. '판단'은 어떤 사물이나 상황에 대해 옳고 그름을 따져 보는 것이며, 올바른 판단을 위해서는 논리적인 사고가 필요하다. 논리적으로 사고하는 연습을 계속하면, 여러분도 선택의 순간에 올바른 판단을 할 수 있다. 그렇다면 앞의 내용을 곰곰이 생각하면서 다음 문제를 풀어 보자.

1. 개념을 확실하게 밝힌 후 무엇을 할 수 있을까?

　① 말을 할 수 있다　　　　② 그림을 그릴 수 있다

　③ 친구를 사귈 수 있다　　④ 판단을 할 수 있다

2. 생각은 무엇을 바탕으로 할까?

　① 그림　　② 손짓　　③ 판단　　④ 소리

3. 판단이란 무엇일까?

① 어떤 사물이나 상황에 대해 부정*하는 것이다

② 어떤 사물이나 상황에 대해 인정하는 것이다

③ 어떤 사물이나 상황에 대해 증명*하는 것이다

④ 어떤 사물이나 상황에 대해 옳고 그름을 따져 보는 것이다

4. 올바른 판단을 하기 위해서는 어떻게 해야 할까?

① 사물의 아름다운 모습을 받아들인다

② 사물의 평범한 모습을 받아들인다

③ 사물 자체의 모습을 있는 그대로 받아들인다

④ 사물의 근사한 모습을 받아들인다

5. 다음 중 판단에 영향을 주는 것을 찾아보자 (모두 선택)

① 종교 　　② 문화 　　③ 교육 　　④ 경험

⑤ 가정 　　⑥ 친구 　　⑦ 사회 　　⑧ 매체*

6. 다음 중 판단을 위해 사용한 방법으로 적당한 것은 무엇일까? (모두 선택)

① 다른 사람들에게서 주워들은 말을 판단의 근거로 삼는다

② 깊은 연구를 통해 얻은 결과로 판단한다

③ 스스로 실천해 본다

④ 다른 사람에게 도움을 청해 본다

⑤ 여론*을 무조건 믿는다

⑥ 논리에 맞는지 따져 본다

7. 다음 판단은 옳을까?

> 모든 용의자*는 죄를 지었다

① 그렇다 　　　　　　　② 아니다

8. 다음 판단은 옳을까?

태양은 지구보다 크다

① 맞다   ② 아니다

9. 다음 판단은 옳을까?

● ● ● **낱말 풀이**

주장 : 자기의 의견이나 주의를 굳게
내세움. 또는 그런 의견이나 주의

많은 사람이 주장*하므로 그 의견은 반드시 옳다

① 맞다   ② 아니다

10. 다음 판단은 옳을까?

연구 결과에 따르면 담배를 피우는 것은 몸에 해롭다

① 맞다   ② 아니다

11. 다음 판단은 옳을까?

저 후보는 내 친구이다. 그렇기 때문에 저 아이가 반드시 반장
을 해야 한다

① 맞다   ② 아니다

12. 다음 판단은 옳을까?

저 사람은 나쁜 사람이다. 나를 욕한 적이 있기 때문이다

① 맞다   ② 아니다

13. 다음 판단은 옳을까?

이 상품은 내가 개발한 것이다. 그렇기 때문에 가장 훌륭하다

① 맞다   ② 아니다

14. 다음 판단은 옳을까?

> 삼각형은 세 개의 직선으로 이루어졌다

① 맞다   ② 아니다

15. 다음 판단은 옳을까?

> 그는 부자이기 때문에 물건을 훔치지 않을 것이다

① 맞다   ② 아니다

16. 다음 판단은 옳을까?

> 친구는 내일이 세계의 종말*이라고 했다. 그러니까 빨리 준비
> 해야 한다

① 맞다   ② 아니다.

● ● ● **낱말 풀이**
종말 : 계속된 일이나 현상의 맨 끝

정확하게 읽기

생각은 눈에 보이지 않아!

"무슨 생각을 하는지 도통 알 수가 없어!"

우리는 상대방이 어떤 생각을 하는지 잘 모를 때, 혹은 서로 의사소통*이 안될 때 흔히 이런 말을 한다. 그렇다면 우리는 왜 상대방의 생각을 알기 어려운 걸까? 생각은 눈에 보이지도 않고, 만질 수도 없기 때문이다.

연필, 필통, 책 등과 같은 사물은 눈에 보이고 만질 수도 있다. 그렇기 때문에 우리는 모양, 촉감 등을 통해 어렵지 않게 연필, 필통, 책이라는 것을 판단할 수 있다.

하지만 볼 수도 만질 수도 없는 생각은 '말'이나 '글'로 표현할 수밖에 없다. 이 때 자신의 생각이나 판단을 정확하게 표현하지 않으면 서로 오해가 생긴다. 따라서 자신의 생각이나 판단을 상대방에게 정확하게 전달하고 싶다면, 정확한 단어나 문장을 사용해야 한다.

● ● ● **낱말 풀이**
의사소통 : 가지고 있는 생각이나 뜻이 서로 통함

생각을 표현할 수 있는 단어나 문장은 수없이 많다. 하지만 판단을 할 때 사용하는 단어나 문장은 많지 않다. 예를 들어 '행복한 시간', '스파게티를 먹고 싶다.'처럼 자신의 감정이나 소망을 표현할 때 사용하는 단어나 문장은 판단을 표현할 때는 잘 사용하지 않는다. 판단은 보통 옳고 그름을 따지는 것이라서 '이것은 연필이다.', '저것은 고양이가 아니다.'처럼 단정적*인 표현을 자주 사용하기 때문이다.

한편, 같은 단어나 문장이 서로 다른 판단을 표현하거나 서로 다른 단어나 문장이 같은 판단을 표현할 수 있다. 예를 들어 보자.

선생님이 매일 학교에 지각을 하는 선미에게 말했다.

"참 일찍 오는구나."

이때 선생님은 정말로 선미가 학교에 일찍 온다고 생각해서 이런 말을 한 걸까? 선생님은 '너무 늦게 오니, 다음부터는 일찍 오라.'는 의미에서 반대로 말한 것이다.

이번엔 매일 학교에 일찍 오는 승원이에게 선생님이 말했다.

"참 일찍 오는구나."

이때 선생님은 표현 그대로, 승원이가 정말로 학교에 일찍 온다고 생각해서 이렇게 말한 것이다. 이처럼 '참 일찍 오는구나.'라는 똑같은 표현으로 서로 다른 판단을 나타낼 수 있다.

그렇다면, 이번엔 서로 다른 단어나 문장이 같은 판단을 표현하는 예를 살펴보자.

희선이는 수학 경시대회에 나가기 위해 수학 공부를 열심히 했다. 그런 희선이를 보고 짝꿍인 찬수가 말했다.

"수학 경시대회는 수학을 정말 잘해야만 나갈 수 있는데, 과연 네가 할 수 있을까?"

찬수의 말을 듣고 희선이는 다음과 같이 대답했다.

"공부를 열심히 했으니깐 난 잘할 수 있어!"

이때, 희선이의 대답은 '할 수 있다.'는 의지*를 나타내고 있다. 만약 희선이가 다음과 같이 대답했다면 어떨까?

● ● ● 낱말 풀이
단정적 : 딱 잘라서 판단하고 결정하는 것
의지 : 어떠한 일을 이루고자 하는 마음

"이렇게 공부를 열심히 했는데, 내가 못할 것 같아?"

이때 희선이의 대답은 '못하겠다.'는 의미일까? 아닐 것이다. 이 표현 또한 '할 수 있다.'는 의지를 나타내는 것이다. 두 대답은 서로 다른 표현이지만 둘 다 '할 수 있다.'를 표현한 것이다. 이처럼 다른 단어나 문구*를 사용해서 같은 판단을 표현할 수 있다.

● ● ● 낱말 풀이
문구 : 글의 구절

기억하며
풀기

앞에서 판단은 눈에 보이지도 않고 만질 수도 없다는 것을 배웠다. 또한 같은 단어가 다른 판단을 의미하기도 하고 서로 다른 단어가 같은 판단을 의미하기도 한다는 사실도 알았다. 그렇기 때문에 우리는 오해가 생기지 않도록 정확한 단어나 문장을 사용하여 판단을 표현해야 한다. 앞에서 배운 내용을 머릿속에 찬찬히 떠올려 보며 다음 문제를 풀어 보자.

● ● ● 낱말 풀이
단정 : 딱 잘라서 판단하고 결정함

1. 판단에는 무엇이 포함될까?

① 사물에 대한 질문　　　　② 사물에 대한 느낌

③ 사물에 대한 단정*　　　　④ 사물에 대한 소망

2. 다음 중 판단을 표현한 문구는 어떤 것일까?

① 생일 축하해요

② 이 책의 내용은 무엇일까요?

③ 혜련이와 희선이는 같은 반 학생이다

④ 아, 아름다워라!

3. 다음 중 판단을 표현한 문구가 아닌 것은?

① 덧셈도 못하는 저 친구는 바보다

② 저 사자는 매우 사납다

③ 논리란 무엇인가?

④ 지구의 면적*은 달보다 크다

● ● ● 낱말 풀이
면적 : 면이 2차원의 공간을 차지하는 넓이의 크기

4. 다음 중 같은 판단을 표현한 문구가 아닌 것은?

① 영어를 잘 못할 거라고 누가 그래?

② 영어를 잘 못할 거라고 확신하지 않는다

③ 영어를 잘할 거라고 확신하지 않는다

④ 영어를 잘할 수 있다

5. 다음 중 같은 판단을 표현한 문구가 아닌 것은?

① 이 꽃은 정말 예쁘다   ② 이 꽃은 정말 보기 좋다

③ 이 꽃은 정말 아름답다   ④ 이 꽃은 정말 신기하다

6. 다음 중 오해하기 쉬운 판단은 어떤 것일까?

① 3명의 한국인과 3명의 미국인 학생의 의견

② 6명의 한국인과 미국인 학생의 의견

③ 6명의 한국인 학생의 의견

④ 6명의 미국인 학생의 의견

7. 다음 중 오해하기 쉬운 판단은 어떤 것일까?

① 아픈 찬수를 만나러 가다

② 찬수의 어머니를 만나러 가다

③ 아픈 찬수의 어머니를 만나러 가다

④ 찬수의 아픈 어머니를 만나러 가다

정확하게 읽기

● ● ● **낱말 풀이**

개별 : 여럿 중에서 하나씩 따로 나뉘어 있는 상태

판단도 종류별로 골라 하자!

앞에서는 '판단'이 무엇인지 알아보았고, 판단을 표현하려면 어떻게 해야 하는지 살펴보았다. 여기에서는 판단을 특징에 따라 나누어서 알아보자. 판단은 크게 네 가지로 나눌 수 있다. '주관 판단'과 '객관 판단', '긍정 판단'과 '부정 판단', '개별* 판단'과 '일반 판단', '조건 판단'과 '선택 판단'이 바로 그것이다. 각

각 어떤 판단을 의미하는지 자세히 살펴보자.

첫째, 주관 판단과 객관 판단

'주관'은 자신의 의견이나 생각을 뜻한다. 결국 '주관 판단'은 자신의 생각이나 의견을 바탕으로 판단하는 것이다. 예를 들어, 수학 공부를 열심히 한 희선이가 '수학 시험은 쉬워!'라고 판단했다고 해 보자. '쉽다.'는 것은 희선이의 생각이므로 '수학 시험은 쉬워!'는 주관 판단이다.

반대로 '객관'은 자신의 의견이나 생각이 아닌 다른 사람의 입장에서 생각해 보는 것이다. 결국 '객관 판단'은 자신의 의견이나 생각이 아닌 있는 그대로의 사실을 바탕으로 판단하는 것이다. 예를 들어 '정사각형의 네 변의 길이는 같다.'는 사실을 바탕으로 판단한 것이므로 객관 판단이다.

주관 판단은 자신의 의견이나 생각을 바탕으로 판단하는 것이기 때문에 바뀔 수 있지만, 객관 판단은 있는 그대로의 사실을 바탕으로 판단하는 것이기 때문에 바뀌지 않는다. 앞의 예를 통해 살펴보자. 앞에서 희선이는 수학 공부를 열심히 했기 때문에 '수학 시험은 쉬워!'라고 판단했다. 하지만 만약 희선이가 수학 공부를 하지 않고 시험을 봤다면 '수학 시험은 어렵다!'고 판단했을 것이다. 이렇게 상황에 따라 바뀔 수 있는 것이 주관 판단이다.

반대로 '정사각형의 네 변의 길이는 같다.'는 판단은 어떤 상황에도 변하지 않는다. 이것이 바로 객관 판단이다.

둘째, 긍정 판단과 부정 판단

'긍정 판단'과 '부정 판단'을 구별하는 방법은 간단하다. 문장 끝이 '그렇다.' 형식으로 끝나면 긍정 판단이고 '그렇지 않다.' 형식으로 끝나면 부정 판단이다. 예를 들어, '혜련이는 감기에 걸려서 아픈데도 오늘 학교에 갔다.'에서 '학교에 갔다.'는 '그렇다.' 형식으로 끝났기 때문에 긍정 판단이다. 그러나 '혜련이는 감기에 걸려서 오늘 학교에 가지 않았다.'고 한다면 이는 '그렇지 않다.' 형식이므로 부정 판단이다.

셋째, 개별 판단과 일반 판단

'개별 판단'은 대상 중의 일부가 가진 특징을 바탕으로 판단을 하는 것이고, '일반 판단'은 모든 대상의 공통된 특징을 바탕으로 판단을 하는 것이다. 어렵게 느껴질 수 있으니 예를 들어 살펴보자.

혜련이가 다니는 희망 중학교는 모든 학생이 교복을 입는다. 모두 교복을 입기 때문에 몇몇의 학생들은 머리 모양, 양말, 구두, 가방 등으로 자신의 개성을 나타낸다. 이때 '모든 학생이 교복을 입는다.'는 모든 학생이 공통적으로 가지고 있는 특징을 나타내므로 일반 판단이다.

하지만 '몇몇의 학생들은 머리 모양, 양말, 구두, 가방 등으로 자신의 개성*을 나타낸다.'는 모든 학생의 특징이 아닌 일부 학생의 특징이므로 개별 판단이다.

넷째, 조건 판단과 선택 판단

'어떤 조건이 만족될 때, 그러한 결과가 나온다.'

이것이 바로 '조건 판단'이다. 말 그대로 판단에 앞서 조건이 붙는 것이다. 예를 들어 보자. 내일 찬수네 학교는 봄 소풍을 간다. 그런데 일기예보에 따르면 내일 비가 올 확률이 50%라고 한다. 일기예보를 본 선생님은 아이들에게 다음과 같이 말했다.

"만약 내일 아침에 비가 온다면, 소풍은 못 간다."

선생님의 말을 자세히 살펴보자. '내일 아침에 비가 온다.'는 조건이 만족되면 '소풍은 못 간다.'는 결과가 나온다. 결국 조건 판단인 것이다.

그렇다면 '선택 판단'은 무엇일까? 앞의 예에서 '내일 비가 올 확률이 50%'라고 했다. 이 말은 '내일 비가 올 수도 있고, 비가 오지 않을 수도 있다.'는 얘기다. 이처럼 두 가지 이상의 선택 속에서 판단하는 것이 바로 선택 판단이다.

● ● ● **낱말 풀이**

개성 : 다른 사람이나 개체와 구별되는 고유의 특성

지금까지 판단을 네 가지로 나누어서 살펴보았다. 판단은 크게 '주관 판단'과 '객관 판단', '긍정 판단'과 '부정 판단', '개별 판단'과 '일반 판단', '조건 판단'과 '선택 판단'으로 나눌 수 있다고 했다. 각각의 내용을 곰곰이 생각해 보면서 다음 문제를 풀어 보자.

1. 다음 문장은 어떤 판단에 속하는지 찾아보자. (모두 선택)

> 모든 대학생은 부지런하다

① 주관   ② 객관   ③ 긍정   ④ 부정
⑤ 개별   ⑥ 일반   ⑦ 조건   ⑧ 선택

2. 다음 문장은 어떤 판단에 속하는지 찾아보자. (모두 선택)

> 어떤 동물은 못생겼다

① 주관   ② 객관   ③ 긍정   ④ 부정
⑤ 개별   ⑥ 일반   ⑦ 조건   ⑧ 선택

3. 다음 문장은 어떤 판단에 속하는지 찾아보자. (모두 선택)

> 명문 중학교의 학생들은 열심히 공부할 것이다

① 주관   ② 객관   ③ 긍정   ④ 부정
⑤ 개별   ⑥ 일반   ⑦ 조건   ⑧ 선택

4. 다음 문장은 어떤 판단에 속하는지 찾아보자. (모두 선택)

> 어떤 중학생은 좋은 학생이 아니다

① 주관   ② 객관   ③ 긍정   ④ 부정
⑤ 개별   ⑥ 일반   ⑦ 조건   ⑧ 선택

5. 다음 문장은 어떤 판단에 속하는지 찾아보자. (모두 선택)

> 사탕을 많이 먹으면 충치가 생긴다

① 주관   ② 객관   ③ 긍정   ④ 부정
⑤ 개별   ⑥ 일반   ⑦ 조건   ⑧ 선택

6. 다음 문장은 어떤 판단에 속하는지 찾아보자. (모두 선택)

> 아이스크림은 세상에서 제일 맛있다

① 주관   ② 객관   ③ 긍정   ④ 부정
⑤ 개별   ⑥ 일반   ⑦ 조건   ⑧ 선택

7. 다음 문장은 어떤 판단에 속하는지 찾아보자. (모두 선택)

> 어떤 초등생은 어른보다 컴퓨터를 더 잘한다

① 주관   ② 객관   ③ 긍정   ④ 부정
⑤ 개별   ⑥ 일반   ⑦ 조건   ⑧ 선택

8. 다음 문장은 어떤 판단에 속하는지 찾아보자. (모두 선택)

> 모든 호랑이는 초식 동물[*]이 아니다

① 주관   ② 객관   ③ 긍정   ④ 부정
⑤ 개별   ⑥ 일반   ⑦ 조건   ⑧ 선택

• • • • 낱말 풀이
초식 동물 : 식물을 주로 먹고사는
동물

9. 다음 문장은 어떤 판단에 속하는지 찾아보자. (모두 선택)

> 범죄자가 왼쪽 길로 도망가지 않았다면, 오른쪽 길로 도망갔을 것이다

① 주관   ② 객관   ③ 긍정   ④ 부정
⑤ 개별   ⑥ 일반   ⑦ 조건   ⑧ 선택

10. 다음 문장은 어떤 판단에 속하는지 찾아보자. (모두 선택)

> 열심히 하지 않으면, 좋은 성적이 나올 수 없다

① 주관　　　② 객관　　　③ 긍정　　　④ 부정

⑤ 개별　　　⑥ 일반　　　⑦ 조건　　　⑧ 선택

머릿속에 넣기

❶ 판단은 어떤 사물이나 상황에 대해 사실인지 아닌지, 옳은지 옳지 않은지 따져 보는 것이다.

❷ 판단은 눈으로 볼 수도 만질 수도 없으므로 '말'이나 '글'을 통해 표현한다.

❸ 같은 단어나 문장이 서로 다른 판단을 표현하거나, 서로 다른 단어나 문장이 같은 판단을 표현할 수 있다.

❹ 판단은 다음과 같이 나눌 수 있다.

　첫째, 주관 판단과 객관 판단

　둘째, 긍정 판단과 부정 판단

　셋째, 개별 판단과 일반 판단

　넷째, 조건 판단과 선택 판단

논리 퀴즈

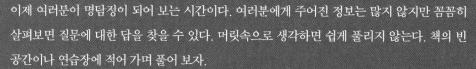

이제 여러분이 명탐정이 되어 보는 시간이다. 여러분에게 주어진 정보는 많지 않지만 꼼꼼히 살펴보면 질문에 대한 답을 찾을 수 있다. 머릿속으로 생각하면 쉽게 풀리지 않는다. 책의 빈 공간이나 연습장에 적어 가며 풀어 보자.

미궁 속에 빠진 사건을 해결할 준비가 끝났다면 이제 시작하자. 준비된 문제는 오직 5개뿐이다. 빨리 해결하는 것도 중요하지만 정확하게 해결하는 것이 더 중요하다. 여러분이 탐정이고 문제가 범인을 찾는 것이라고 했을 때, 여러분이 범인을 잘못 찾는다면 억울하게 누명을 쓰는 사람이 생기게 된다. 절대 서두를 필요는 없다. 차분히 생각하면서 옳은 답을 구해 보자.

첫 번째 문제

과일이 들어 있는 상자는 어떤 것일까?

과일이 먹고 싶은 희선이는 과일을 찾으러 부엌에 갔다. 부엌에는 과일 상자 일곱 개가 놓여 있었는데, 각각의 상자에는 다음과 같은 글이 적혀 있었다.

> 상자 1: 모든 상자 안에 과일이 들어 있다
>
> 상자 2: 이 상자 안에는 과일이 없다
>
> 상자 3: 어떤 상자 안에는 파인애플이 들어 있다
>
> 상자 4: 이 상자 안에는 오렌지가 없다
>
> 상자 5: 모든 상자 안에 파인애플이 들어 있다
>
> 상자 6: 상자 4에 오렌지 하나가 들어 있다
>
> 상자 7: 어떤 상자 안에는 과일이 없다

이들 중 진짜를 말하는 글은 세 개다. 과연 과일이 들어 있는 상자는 어떤 것일까?

Tip | 서로 반대되는 내용을 찾자. 그중 하나는 반드시 진짜다.

두 번째 문제

국어 시험 범위는?

선미네 학교는 이제 곧 있으면 시험이다. 다른 과목은 이미 시험 범위가 나왔는데, 국어만 아직 나오지 않았다. 선미는 국어 선생님을 찾아가서 시험 범위를 여쭤 보았다. 그러자 국어 선생님은 이상한 문제를 내밀며, 이 문제를 풀면 국어 시험 범위를 알 수 있다고 하셨다. 국어 선생님이 주신 문제 내용은 다음과 같다.

> '시'와 '소설' 중 하나는 꼭 나온다. 그러나 둘 다 나오지는 않는다
>
> '소설'과 '수필'은 둘 다 나오거나 둘 다 나오지 않는다
>
> 만약 '시'가 나오지 않으면, '수필'도 나오지 않는다

과연, 선미는 국어 시험 범위를 알 수 있을까?

Tip | 다음 표에 모든 가능성을 적어 보자.

	시	소설	수필
1			
2			
3			
4			
5			
6			
7			
8			

승원, 혜련, 찬수, 희선이는 여가에 무엇을 할까?

오늘은 학교에 가지 않아도 되는 일요일이다. 승원, 혜련, 찬수, 희선 네 사람은 각자 자신의 방에서 놀고 있다. 그들 중에는 컴퓨터를 하는 사람도 있고, 책을 보는 사람도 있다. 텔레비전을 보는 사람도 있고, 전화로 수다를 떠는 사람도 있다. 다음 조건을 보며 각자 무엇을 하고 있을지 맞혀 보자.

> 승원이는 컴퓨터를 하거나 텔레비전을 보고 있다
>
> 혜련이는 책을 보거나 텔레비전을 보고 있다
>
> 찬수는 책을 보지도 않고, 전화를 하지도 않는다
>
> 승원, 혜련 둘 중 한 명은 텔레비전을 보고 있다

Tip | 나올 수 있는 모든 가능성을 아래 표에 적어 보자.

	컴퓨터	책	텔레비전	전화
승원				
혜련				
찬수				
희선				

찬수, 혜련, 선미는 커서 무엇이 되고 싶을까?

찬수, 혜련, 선미는 형제 사이다. 이 삼형제의 꿈은 나중에 커서 훌륭한 소방대원, 군인, 경찰이 되는 것이다. 다음에서 알려 주는 내용을 보고 각자의 꿈이 무엇인지 맞혀 보자.

> 선미의 나이는 경찰이 꿈인 아이보다 많다
>
> 찬수의 꿈은 군인이 아니다
>
> 군인이 꿈인 아이의 나이는 혜련이보다 적다
>
> 찬수는 나이가 제일 적다

Tip | 나올 수 있는 모든 가능성을 아래 표에 적어 보자.

	소방대원	군인	경찰
찬수			
혜련			
선미			

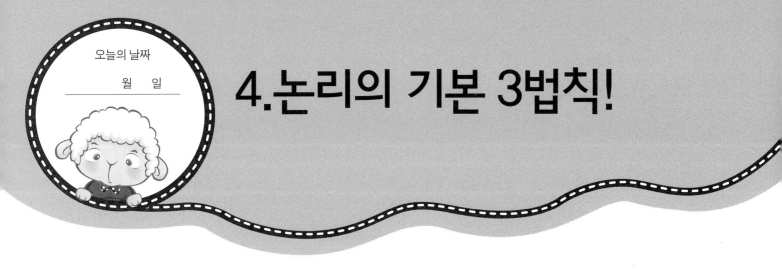

4.논리의 기본 3법칙!

논리적으로 생각하기 위해서는 반드시 지켜야 할 규칙이 있다. 바로 논리의 기본 원리! 논리의 기본 원리에는 동일 원리, 모순 원리, 배중 원리가 있다. 여기에서는 동일 원리, 모순 원리, 배중 원리가 각각 무엇이고, 차이점이 무엇인지 살펴보자. 그리고 '기억하며 풀기'를 통해 동일 원리, 모순 원리, 배중 원리를 구분하는 연습을 하자.

오늘의
배울거리

꼭 지켜야 할 논리의 3법칙!

앞에서 배운 개념과 판단에 대한 내용이 머릿속에 그림처럼 그려진다면, 이제 논리의 기본 원리*를 공부하자. 만약 개념과 판단에 대해 아직 잘 모르겠다면, 앞으로 돌아가서 다시 꼼꼼히 읽어 보자.

우리는 논리의 기본 원리를 배우기 전에 개념과 판단이 무엇인지 알아야 한다. 개념을 사용하여 판단을 하고, 이러한 판단은 우리가 논리적으로 생각할 수 있도록 돕기 때문이다. 또한 이제부터 배울 내용은 더 어렵기 때문에 앞의 내용을 잘 알아야만 이해하기 쉽다.

이제 개념과 판단에 대해 알았다면, 본격적으로 논리의 기본 원리가 무엇인지 살펴보자.

논리적으로 생각하기 위해서 우리는 기본적으로 세 가지 원리를 지켜야만 한다. 바로 '동일 원리', '모순 원리', '배중 원리'다. 이 세 가지 원리는 수천 년 동안 사람들이 경험을 통해 얻어 낸 것이고 논리적으로 생각하기 위해 반드시 지켜야 할 규칙이다.

그렇다면 이제 논리의 기본 원리인 '동일 원리', '모순 원리', '배중 원리'가 무엇

● ● ● **낱말 풀이**
원리 : 사물의 근본이 되는 이치

인지 구체적으로 살펴보자.

정확하게
읽기

이랬다저랬다 하지 마! : 동일 원리

승원이는 요즘 고민이 있다. 친구 선미가 하는 말을 믿지 못하겠기 때문이다. 승원이가 선미 말을 못 믿게 된 데에는 다 이유가 있다. 예전과 똑같은 상황이나 사물을 대하면서도 선미의 말과 반응이 이랬다저랬다 바뀌기 때문이다. 오늘도 그런 일이 있었다. 어제는 고구마를 좋아한다고 했는데, 오늘은 고구마가 세상에서 제일 싫다고 말하는 것이다. 이제는 선미가 어떤 말을 하면 그 말이 사실인지 아닌지 판단하기 어려워서 혼란스럽고 어떻게 해야 할지 모르겠다.

왜 승원이는 선미를 못 믿게 된 걸까? 바로 선미가 '동일 원리'를 지키지 않았기 때문이다. 그렇다면 동일 원리는 무엇일까? 일단 '동일'이라는 단어를 먼저 살펴보자. 동일은 '어떤 것과 비교해 봐도 똑같다.'는 뜻이다. 즉 동일 원리는 어떤 사물이나 상황에 대해 '같은 생각'을 유지*해야 한다는 것을 말한다. 같은 생각을 유지하려면, 어떤 한 가지 사물이나 상황을 설명하는 개념이나 판단도 같은 뜻으로 이해하고 사용해야 한다.

그렇다면, 왜 우리는 '같은 생각'을 유지해야 하는 것일까? '같은 생각'을 유지하지 않았을 경우 어떤 문제가 발생하는 걸까?

앞의 이야기를 살펴보자. 승원이는 이랬다저랬다 하는 선미 때문에 너무 혼란스럽다. 이처럼 동일 원리를 지키지 않은 말이나 태도는 상대방을 혼란스럽게 할 뿐만 아니라 설득력도 없다. 논리적으로 생각하기 위해 우리는 동일 원리를 반드시 지켜야 한다.

● ● ● ● 낱말 풀이

유지 : 어떤 상태나 상황을 그대로 보존하거나 변함없이 계속하여 지탱함

기억하며 풀기

지금까지 논리의 기본 원리 중 '동일 원리'에 대해 살펴보았다. 문제를 풀기 전에 동일 원리가 무엇인지 다시 한 번 짚고 넘어가자.

동일 원리는 어떤 사물이나 상황에 대해 처음부터 끝까지 한결같은 생각을 유지해야 한다는 것이다. 그리고 만약 동일 원리를 지키지 않는다면 상대방을 혼란스럽게 하고 설득력도 떨어진다. 동일 원리가 무엇인지 알았다면 문제를 풀어 보자.

1. '동일 원리'에 따르면 사물을 이해할 때 어떻게 해야 할까?

① 처음부터 끝까지 동일한 방법으로 이해한다

② 처음부터 끝까지 동일한 뜻으로 이해한다

③ 처음부터 끝까지 동일한 솜씨로 이해한다

④ 처음부터 끝까지 동일한 순서로 이해한다

2. '동일 원리'를 지키지 않고 말을 하면, 어떤 결과를 불러올까? (모두 선택)

① 상대방은 그 말을 안 들을 것이다

② 상대방이 무슨 말을 하는지 설명할 수 있다

③ 상대방은 혼란스러울 것이다

④ 상대방의 기분이 어떤지 알기 어렵다

⑤ 상대방은 공부를 못할 것이다

⑥ 상대방은 무슨 말을 하는지 이해 못할 것이다

3. 다음 중 '동일 원리'를 이용하여 증거를 찾는 경우는 어떤 것일까?

① 마약 판매*를 한 범죄자를 잡기 위해 사기 친 증거를 찾아야 한다.

② 살인을 한 범죄자를 잡기 위해 마약 판매를 한 증거를 찾아야 한다.

③ 마약 판매를 한 범죄자를 잡기 위해 마약 판매를 한 증거를 찾아야 한다.

④ 마약 판매를 한 범죄자를 잡기 위해 살인을 한 증거를 찾아야 한다.

● ● ● **낱말 풀이**
판매 : 상품 따위를 팖

하나는 반드시 거짓! : 모순 원리

앞에서 우리는 '동일 원리'에 대해 배웠다. 어떤 사물이나 상황에 대해 처음부터 끝까지 일관성*을 지키는 것이 동일 원리고, 동일 원리를 지켜야 이해하기 쉽고 혼란이 생기지 않는다. 그렇다면 '모순 원리'는 무엇일까?

앞에서 배운 창과 방패 장수 이야기를 떠올려 보자. 어떤 방패도 뚫을 수 있는 '창'과 어떤 창도 막을 수 있는 '방패'가 동시에 존재하는 것은 불가능하다. 이처럼 서로 반대되는 두 가지 생각이 있을 때, 그중 한 가지는 반드시 거짓이라는 것이 바로 '모순 원리'다.

그럼 두 가지 생각 중 하나는 반드시 맞는 말일까? 그럴 수도 있고 아닐 수도 있다. 어떤 방패도 뚫을 수 있는 창이 '없다.'고 하자. 그렇다고 해서 어떤 창도 막을 수 있는 방패가 '있다.'고는 할 수 없다. 즉 창, 방패 둘 다 없을 수도 있는 것이다.

모순 원리를 어기는 말은 상대방을 설득하기 힘들 뿐 아니라 그 뜻을 이해하기도 어렵게 만든다. 그렇기 때문에 우리는 남을 설득할 때나 자신의 의견을 말할 때 모순 원리를 지켜서 이야기해야 한다.

● ● ● 낱말 풀이
일관성 : 어떤 방법이나 태도가 처음부터 끝까지 한결같음

지금까지 모순 원리에 대해 알아보았다. 서로 반대되는 두 가지 생각 중 한 가지는 반드시 거짓이라는 게 바로 모순 원리다. 머릿속에 그 내용을 떠올리며 문제를 풀어 보자.

1. 모순 원리에서 서로 반대되는 두 가지 생각이 있을 때, 두 가지 생각은 전부 참일까?

① 아니다. 그중 하나는 거짓이다

② 그렇다. 두 가지 다 참이다

③ 아니다. 그중 하나는 참, 하나는 거짓이다

④ 답이 없다

2. 서로 모순되는 말은 어떤 결과를 가져올까? (모두 선택)

① 사람들의 오해를 받지 않는다

② 앞의 말이 뒤의 말과 맞지 않는다

③ 설득력이 없어진다

④ 듣는 사람이 말하는 내용을 쉽게 이해한다

⑤ 사람들이 받아들이기 어렵다

3. 다음 중 서로 모순되지 않는 것은 어느 것일까?

① 그는 아름답다. 그러나 여전히 추악하다[*]

② 이 연필은 심이 딱딱해서 잘 안 부러져. 그리고 심이 부드러워서 글씨가 부드럽게 써져

③ 수학도 좋아하지만, 영어를 더 좋아한다

④ 아파트는 빛 하나 없는 깜깜한 어둠 속에 잠겼다. 오직 한 집만 불이 켜져 있었다

● ● ● **낱말 풀이**

추악하다 : 더럽고 흉악하다

정확하게
읽기

하나는 반드시 참! : 배중 원리

이제 논리의 기본 원리 중 '배중 원리'만 남았다. 배중 원리는 모순 원리와 헷갈리기 쉬우니 좀 더 집중해서 살펴보도록 하자. 배중 원리는 서로 반대되는 두 가지 생각이 있을 때 둘 중 하나는 반드시 '참'이라는 것이다. 예를 들어 '이 종이는 흰색이다.'와 '이 종이는 흰색이 아니다.'라는 생각이 있다고 하자. 과연 종이가 흰색이면서 동시에 흰색이 아닐 수 있을까? 그렇지 않다. 우리는 '이 종이는 흰색이다.'와 '이 종이는 흰색이 아니다.' 둘 중에서 한 가지를 반드시 선택해야 한다.

그렇다면 배중 원리와 모순 원리는 무엇이 다를까? 배중 원리는 둘 중에 하나는 무조건 참이다. 하지만 모순 원리는 둘 중 하나만 거짓일 수도 있고, 둘 다 거짓일 수도 있다. 모순 원리에서 예로 든 창과 방패 이야기를 생각해 보자. 어떤 방패도 뚫을 수 있는 '창'과 어떤 창도 막을 수 있는 '방패'는 동시에 존재

할 수 없다고 했다. 그렇다고 해서 그런 창과 방패 중의 하나가 반드시 존재한다고도 할 수 없다. 즉, 둘 다 거짓일 수도 있다는 얘기다.

자, 다시 한 번 배중 원리와 모순 원리의 차이점을 정리해 보자. 서로 반대되는 생각이 있을 때 참과 거짓으로 확실히 나뉘면 배중 원리, 참과 거짓으로 확실히 나뉘지 않으면 모순 원리라고 할 수 있다.

그럼 '찬수네 반의 학생들은 모두 열심히 공부한다.'와 '찬수네 반의 학생들 중 열심히 공부하는 학생은 한 명도 없다.'의 경우는 배중 원리일까, 모순 원리일까? 한번 맞혀 보자.

정답은 모순 원리다. '찬수네 반의 학생들 중 일부는 열심히 공부한다.'는 경우가 있기 때문이다. 이럴 경우, '찬수네 반의 학생들은 모두 열심히 공부한다.'와 '찬수네 반의 학생들 중 열심히 공부하는 학생은 한 명도 없다.'는 둘 다 거짓이 된다.

기억하며
풀기

우리는 지금까지 '배중 원리'에 대해 살펴보았다. 그리고 헷갈리기 쉬운 '배중 원리'와 '모순 원리'의 차이에 대해서도 알아보았다. 머릿속에 그 내용을 찬찬히 떠올리면서 다음 문제를 풀어 보도록 하자.

1. 배중 원리에서 서로 반대되는 두 가지 생각이 있을 때, 두 가지 생각은 전부 참일까?

① 아니다. 그중 하나만 참이다

② 아니다. 둘 다 참일 수도 있고, 거짓일 수도 있다

③ 아니다. 두 가지 다 거짓이다

④ 그렇다. 두 가지 다 참이다

2. 배중 원리를 어기면 어떤 현상이 나타날까?

① 처음의 생각과 달라진다

② 애매한* 상황에 처한다

③ 힘든 것은 피하고 쉬운 것만 골라서 하려고 한다

④ 상대방과 서로 날카롭게 맞서게 된다

● ● ● 낱말 풀이

애매하다 : 희미하여 확실하지 못하다. 이것인지 저것인지 명확하지 못하여 한 개념이 다른 개념과 충분히 구별되지 못하는 일을 이른다

3. 배중 원리를 어기지 않은 것은 어떤 것일까?

① 그의 집 앞에 소나무 한 그루가 있는 것 같기도 하고, 없는 것 같기도 하다

② 그의 이름을 기억하는 것 같기도 하고, 기억하지 못하는 것 같기도 하다

③ 이 병의 잉크는 청색 같기도 하고, 검은색 같기도 하다

④ 그가 범인인 것 같기도 하고, 범인이 아닌 것 같기도 하다

실천해 보기

잘못된 논리 찾기

지금까지 우리는 논리의 기본 원리인 동일 원리, 모순 원리, 배중 원리에 대해 알아보았다. 지금까지 알아본 내용을 바탕으로 다음 문제를 풀어 보자. 문제가 어렵게 느껴질 수도 있다. 하지만 당황하지 말자. 다시 한 번 앞의 내용을 꼼꼼히 읽어 보고 머릿속에 찬찬히 그 내용을 떠올리면서 문제를 풀면, 여러분도 충분히 해낼 수 있다.

1. 다음은 어떤 논리의 기본 원리를 어긴 걸까?

> 모든 죄인은 법률의 제재*를 받아야 하는데 기독교인들은 스스로 죄인이라고 말한다. 그러므로 기독교인들은 반드시 법률의 제재를 받아야 한다

① 논리의 기본 원리를 지켰다　　② 논리의 동일 원리를 어겼다

③ 논리의 모순 원리를 어겼다　　④ 논리의 배중 원리를 어겼다

● ● ● 낱말 풀이

제재 : 일정한 규칙이나 관습의 위반에 대하여 제한하거나 금지함

2. 다음은 어떤 논리의 기본 원리를 어긴 걸까?

> 호랑이는 표범보다 포악하다.* 그리고 표범은 호랑이보다 포악하다

① 논리의 기본 원리를 지켰다   ② 논리의 동일 원리를 어겼다

③ 논리의 모순 원리를 어겼다   ④ 논리의 배중 원리를 어겼다

3. 다음은 어떤 논리의 기본 원리를 어긴 걸까?

> 어떤 사람이 에디슨에게 말했다.
>
> "나는 뭐든지 녹일 수 있는 약품을 만들 수 있다."

① 논리의 기본 원리를 지켰다   ② 논리의 동일 원리를 어겼다

③ 논리의 모순 원리를 어겼다   ④ 논리의 배중 원리를 어겼다

4. 다음은 어떤 논리의 기본 원리를 어긴 걸까?

> 구름 한 점 없이 끝없는 하늘, 흰 구름 뭉게뭉게 피어 있네

① 논리의 기본 원리를 지켰다   ② 논리의 동일 원리를 어겼다

③ 논리의 모순 원리를 어겼다   ④ 논리의 배중 원리를 어겼다

5. 다음은 어떤 논리의 기본 원리를 어긴 걸까?

> 비록 어떤 교통사고는 피할 수 없어도, 어떤 교통사고는 피할 수 있다

① 논리의 기본 원리를 지켰다   ② 논리의 동일 원리를 어겼다

③ 논리의 모순 원리를 어겼다   ④ 논리의 배중 원리를 어겼다

6. 다음은 어떤 논리의 기본 원리를 어긴 걸까?

'실패는 성공의 어머니'라면, 이 어머니는 반드시 자신의 자녀를 좋아할 것이다

① 논리의 기본 원리를 지켰다　　② 논리의 동일 원리를 어겼다

③ 논리의 모순 원리를 어겼다　　④ 논리의 배중 원리를 어겼다

7. 다음은 어떤 논리의 기본 원리를 어긴 걸까?

"어떠한 의견도 절대적으로 정확한 것은 없다."고 선생님께서 말씀하셨다

① 논리의 기본 원리를 지켰다　　② 논리의 동일 원리를 어겼다

③ 논리의 모순 원리를 어겼다　　④ 논리의 배중 원리를 어겼다

8. 다음은 어떤 논리의 기본 원리를 어긴 걸까?

나는 죽은 것도 아니고, 살아 있는 것도 아니다
바로 '반죽음' 상태에 있다

① 논리의 기본 원리를 지켰다　　② 논리의 동일 원리를 어겼다

③ 논리의 모순 원리를 어겼다　　④ 논리의 배중 원리를 어겼다

9. 다음은 어떤 논리의 기본 원리를 어긴 걸까?

나는 새로 전학 온 학생을 아는 것 같기도 하고, 모르는 것 같기도 하다

① 논리의 기본 원리를 지켰다　　② 논리의 동일 원리를 어겼다

③ 논리의 모순 원리를 어겼다　　④ 논리의 배중 원리를 어겼다

10. 다음은 어떤 논리의 기본 원리를 어긴 걸까?

> 이 책은 내 것인 것 같기도 하고, 내 것이 아닌 것 같기도 하다

① 논리의 기본 원리를 지켰다　② 논리의 동일 원리를 어겼다

③ 논리의 모순 원리를 어겼다　④ 논리의 배중 원리를 어겼다

11. 다음은 어떤 논리의 기본 원리를 어긴 걸까?

> 모든 홍콩인은 중국인이다. 그러나 어떤 홍콩인은 중국인이 아니다

① 논리의 기본 원리를 지켰다　② 논리의 동일 원리를 어겼다

③ 논리의 모순 원리를 어겼다　④ 논리의 배중 원리를 어겼다

12. 다음은 어떤 논리의 기본 원리를 어긴 걸까?

> 어머니가 말씀하셨다.
> "이제부터 가족회의를 시작할 거야. 그러니까 모두들 잘 들어줘."
> 그러자 이어폰으로 음악을 듣던 아들이 대답했다.
> "제가 언제 제대로 안 들은 적 있나요?"

① 논리의 기본 원리를 지켰다　② 논리의 동일 원리를 어겼다

③ 논리의 모순 원리를 어겼다　④ 논리의 배중 원리를 어겼다

13. 다음은 어떤 논리의 기본 원리를 어긴 걸까?

> 미국의 영토는 한국보다 크고, 일본보다도 크다

① 논리의 기본 원리를 지켰다　② 논리의 동일 원리를 어겼다

③ 논리의 모순 원리를 어겼다　④ 논리의 배중 원리를 어겼다

14. 다음은 어떤 논리의 기본 원리를 어긴 걸까?

> 아들이 물었다
>
> "왜 총을 쏠 때는 한 눈을 감고 한 눈을 떠야 하나요?"
>
> 그러자 아버지가 대답했다
>
> "두 눈을 다 감으면, 아무것도 안 보이잖니?"

① 논리의 기본 원리를 지켰다　　② 논리의 동일 원리를 어겼다

③ 논리의 모순 원리를 어겼다　　④ 논리의 배중 원리를 어겼다

15. 다음은 어떤 논리의 기본 원리를 어긴 걸까?

> 그 누구도 법률을 능가할 수 없어요. 법관도 법률을 능가할 수 없어요

① 논리의 기본 원리를 지켰다　　② 논리의 동일 원리를 어겼다

③ 논리의 모순 원리를 어겼다　　④ 논리의 배중 원리를 어겼다

16. 다음은 어떤 논리의 기본 원리를 어긴 걸까?

> 영혼은 존재할 수도 있고, 존재하지 않을 수도 있다

① 논리의 기본 원리를 지켰다　　② 논리의 동일 원리를 어겼다

③ 논리의 모순 원리를 어겼다　　④ 논리의 배중 원리를 어겼다

머릿속에
넣기

❶ 논리의 기본 원리는 논리적으로 생각하기 위해 반드시 지켜야 할 규칙이다.

❷ '동일 원리'란 어떤 사물이나 상황에 대해 '같은 생각'을 유지해야 한다는 것을 말한다.

❸ '모순 원리'란 서로 반대되는 두 가지 생각이 있을 때, 그중 하나는 반드시 거짓이라는 것이다.

❹ '배중 원리'는 서로 반대되는 두 가지 생각이 있을 때, 둘 중 하나는 반드시 참이라는 것이다.

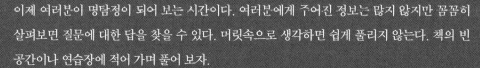
이제 여러분이 명탐정이 되어 보는 시간이다. 여러분에게 주어진 정보는 많지 않지만 꼼꼼히 살펴보면 질문에 대한 답을 찾을 수 있다. 머릿속으로 생각하면 쉽게 풀리지 않는다. 책의 빈 공간이나 연습장에 적어 가며 풀어 보자.

미궁 속에 빠진 사건을 해결할 준비가 끝났다면 이제 시작하자. 준비된 문제는 오직 5개뿐이다. 빨리 해결하는 것도 중요하지만 정확하게 해결하는 것이 더 중요하다. 여러분이 탐정이고 문제가 범인을 찾는 것이라고 했을 때, 여러분이 범인을 잘못 찾는다면 억울하게 누명을 쓰는 사람이 생기게 된다. 절대 서두를 필요는 없다. 차분히 생각하면서 옳은 답을 구해 보자.

첫 번째 문제

무슨 요일에 피아노를 배울까?

혜련, 승원, 희선, 찬수, 선미, 지원, 기표는 방과 후에 피아노를 배운다. 그런데 피아노 선생님이 한 분밖에 없어서 하루에 한 명씩 배울 수밖에 없다. 월요일부터 일요일까지 하루에 한 사람씩 피아노를 배우기로 하고, 다음 기준에 따라 일정표를 작성했다. 누가 무슨 요일에 피아노를 배우는지 찾아보자.

> 혜련이는 희선이보다 하루 늦게 배운다
>
> 찬수는 선미보다 이틀 늦게 배운다
>
> 승원이는 기표보다 사흘 먼저 배운다
>
> 지원이는 목요일에 배우는데, 이는 바로 승원이와 희선이가 배우는 요일의 중간이다

Tip | 먼저 선미와 찬수가 무슨 요일에 배우는지 고민해 보자.

월요일	화요일	수요일	목요일	금요일	토요일	일요일
			지원			

두 번째 문제

희선이네 합창 단원은 누구일까?

혜련, 승원, 희선, 찬수, 선미, 지원, 기표는 몇 개의 모둠으로 나누어 합창단을 만들기로 했다. 희선이를 중심으로 만들 수 있는 합창단을 만들었을 때, 그 단원은 누가 될까? 아래에 쓰인 아이들의 속마음을 바탕으로 희선이네 합창 단원은 누가 될지 찾아보자.

> 희선이는 선미와 함께 노래 부르기 싫다
>
> 혜련이는 지원이와 함께 노래 부르기 싫다
>
> 찬수는 희선이와 함께 노래 부르기 싫다

Tip | 희선이가 함께 하고 싶지 않은 학생을 제일 먼저 제외시키자.

세 번째 문제

일본 학생은 어느 분야에 관심이 있을까?

희선이가 다니는 학교에 국적이 다른 학생 4명이 교환 학생으로 왔다. 그들은 일본, 중국, 미국, 영국에서 왔고 각자 관심 분야는 법, 컴퓨터, 문학이다. 일본 학생은 법, 컴퓨터, 문학 중 어떤 것에 관심이 있을까? 다음 조건을 잘 살펴보고 일본 학생의 관심 분야를 찾아보자.

> 영국 학생은 컴퓨터 동아리에 들었다
>
> 중국 학생은 법에 대한 책을 전혀 읽지 않으며, 컴퓨터와 문학에 관심이 있다
>
> 일본 학생과 같은 분야에 관심이 있는 학생이 1명 있다
>
> 미국 학생과 일본 학생은 같은 분야에 관심이 없다

네 번째 문제

누가 범인일까?

어느 날, 누군가 은행 돈을 훔친 사건이 일어났다. 범인은 찬수, 선미, 승원 세 사람 중에 있다. 다음 조건을 곰곰이 살펴보며 누가 범인인지 찾아보자.

> 찬수는 절대 혼자 훔치지 않았을 것이다
>
> 승원이가 범인이라면, 반드시 선미의 도움을 받았을 것이다
>
> 만약 찬수가 훔치지 않았다면, 승원이도 훔치지 않았을 것이다
>
> 찬수와 승원이 중 적어도 한 사람은 이 범죄를 저질렀을 것이다

Tip | 모든 가능성을 다음 표에 작성해 보자.

	찬수	선미	승원
1			
2			
3			
4			
5			
6			
7			
8			

5. 연역 추리란 무엇일까?

논리의 기본 원리를 알았다면, 이번에는 기본 원리를 바탕으로 추리하는 방법을 배우자. 추리는 이미 알고 있는 사실로부터 새로운 사실을 찾아내는 것인데 연역 추리, 귀납 추리, 유비 추리가 있다. 여기에서는 연역 추리에 대해 알아보고, 특히 연역 추리의 대표적인 방법인 삼단 논법에 대해 살펴보자.

오늘의
배울거리

길에 맛있는 빵이 떨어져 있다면?

우리는 누구나 생각할 수 있는 힘, 즉 사고력을 가지고 있다. 사고력은 옳고 그름, 좋고 나쁨을 판단할 수 있도록 도와주며 이성적으로 행동할 수 있게 해 준다. 이것이 바로 인간과 동물의 차이점이다.

예를 들어 보자. 길에 맛있는 빵이 떨어져 있다면 우리는 어떻게 할까? 맛있어 보인다고 덥석 주워 먹을까? 이성*이 없는 동물이라면 바로 주워 먹을 것이다. 하지만 우리는 이성을 가진 사람이기 때문에 '땅에 떨어진 것을 주워 먹는 행동은 옳지 않다.'고 판단할 수 있다. 이처럼 이성은 모든 상황에서 우리들이 올바른 선택을 할 수 있도록 돕는다. 그뿐만 아니라 이성은 지금까지 배운 '논리'의 기본 바탕이며, 앞으로 배울 '추리'*의 기본 바탕이기도 하다.

이제부터 우리는 추리에 대해 알아볼 것이다. 지금까지 논리에 대해 열심히 공부한 친구들은 추리도 재미있게 공부할 수 있을 것이다. 자, 그럼 추리의 세계로 풍덩 빠져 보자.

아서 코난 도일의 추리소설 《셜록 홈즈》의 주인공 홈즈는 뛰어난 추리로 여러 가지 사건을 해결하는 명탐정이다. 열심히 추리를 공부하면 여러분도 홈즈와

● ● ● 낱말 풀이

이성: 개념적으로 사유하는 능력을 감각적 능력에 상대하여 이르는 말. 인간을 다른 동물과 구별시켜 주는 인간의 본질적 특성이다

추리: 알고 있는 것을 바탕으로 알지 못하는 것을 미루어서 생각함

같은 명탐정이 될 수 있다.

추리는 이미 알고 있는 사실을 바탕으로 새로운 사실을 이끌어 내는 것이다. 즉, 우리가 평소에 얻는 새로운 사실이나 지식은 추리를 통해 얻은 것이며, 추리가 없으면 우리는 다양한 지식을 얻기 힘들다.

사실 우리는 생활 속에서 매 순간 추리를 이용하고 있다. 예를 들어 먹구름이 잔뜩 낀 하늘을 보았다고 하자. 우리는 그 하늘을 보고 '비가 올 것 같다.'고 생각할 수 있다. 이것이 바로 추리다. '먹구름이 잔뜩 낀 하늘'이 이미 알고 사실이라면, '비가 올 것 같다.'는 추리를 통해 얻은 새로운 지식이다.

추리는 보통 연역 추리, 귀납 추리, 유비 추리로 나눌 수 있다. 여기에서는 '연역 추리'에 대해 알아보자.

친구가 콧물을 흘리고 기침을 한다면? : 연역 추리

콧물을 흘리고 기침을 하는 친구를 보고 우리는 어떤 생각을 할까? 아마도 '친구가 감기에 걸렸나 봐.'라고 생각할 것이다.

콧물을 흘리고 기침을 하는 것은 감기의 대표적인 증상*으로 누구나 다 알고 있는 일반적인 사실이다. 이러한 사실을 바탕으로 '친구가 감기에 걸렸다.'는 특수*한 사실을 추리한 것이다. 이것이 바로 연역 추리이다. 연역 추리는 누구나 다 알고 있는 일반적인 사실이나 지식을 바탕으로 특수한 사실이나 지식을 이끌어 내는 추리 방법이라고 할 수 있다.

이제 우리는 친구가 감기에 걸렸다는 사실을 알았으니, 감기가 더 심해지지 않도록 도와줄 수 있다. 이처럼 추리는 새로운 사실을 얻는 데 그치지 않고, 일상생활 속에서 유용*하게 활용할 수 있다.

● ● ● 낱말 풀이

증상 : 병을 앓을 때 나타나는 여러 가지 상태나 모양

특수 : 특별히 다름

유용 : 쓸모가 있음

기억하며 풀기

● ● ● **낱말 풀이**

미지(未知) : '아직'이란 뜻의 未와 '알다'란 뜻의 知가 합쳐진 단어로 아직 알지 못한다는 뜻. 미지의 세계를 탐험한다고 할 때도 미지란 단어를 사용한다

● ● ● **낱말 풀이**

유사 : 서로 비슷하다

● ● ● **낱말 풀이**

표시 : 표를 하여 외부에 드러내 보임
저자 : 글로 써서 책을 지어 낸 사람
자침 : 중앙 부분을 수평 방향으로 자유로이 회전할 수 있도록 한 작은 영구 자석. 자기장의 방향을 알아내는 데 쓴다
풍족 : 매우 넉넉하여 부족함이 없다

앞의 내용을 꼼꼼히 읽었다면 이제 문제를 풀어 보자. 단순히 답을 구하기만 한다면 여러분의 사고력을 키우는 데 큰 도움이 안 된다. 답을 선택하고 왜 그 답을 선택했는지 문제 밑에 적어 보자. 이 연습을 계속한다면, 여러분도 모르는 사이에 사고력이 쑥쑥 자랄 것이다.

1. 추리란 무엇일까?

① 미지*의 지식으로부터 낡은 지식으로 발전하는 것

② 이미 알고 있는 지식으로부터 낡은 지식으로 발전하는 것

③ 이미 알고 있는 지식으로부터 새로운 지식으로 발전하는 것

④ 미지의 지식으로부터 새로운 지식으로 발전하는 것

2. 다음 중 추리의 종류에 속하는 것은 무엇일까? (모두 선택)

① 유비　　② 귀납　　③ 유사*　　④ 연역　　⑤ 변화

3. 연역 추리의 뜻을 바르게 설명한 것은 어느 것일까?

① 일반적인 지식으로 특수한 지식을 이끌어 내는 사고 방법

② 특수한 지식으로 일반적인 지식을 이끌어 내는 사고 방법

③ 특수한 지식으로 특수한 지식을 이끌어 내는 사고 방법

④ 일반적인 지식으로 일반적인 지식을 이끌어 내는 사고 방법

4. 다음 중 추리의 예라고 할 수 있는 것은 어느 것일까? (모두 선택)

① 땅에 표시*된 동물 발자국을 보니 이곳에 호랑이가 나타난 적이 있는 것 같다

② 찬수의 신발에 묻은 흙을 보고 찬수가 어디를 갔었는지 알아냈다

③ 글씨체를 보면 저자*가 습관적으로 왼손을 쓰고 있다는 것을 알 수 있다

④ 나침반의 자침*이 기우는 것을 보니 근처에 철이 있는 것이 분명하다

⑤ 선미의 머리가 젖은 것을 보니 밖에 비가 내리고 있는 것 같다

⑥ 자주 사용하는 생활용품을 보니 그 사람의 생활은 풍족*한 것 같다

사람은 모두 죽는다 : 삼단 논법

우리는 앞에서 아리스토텔레스에 대해 얘기한 적이 있다.

고대 그리스의 철학자, 아리스토텔레스는 논리라는 학문을 처음 만든 사람이자, 여기서 배울 '삼단 논법'을 만든 사람이기도 하다. 그럼 삼단 논법이 무엇인지 자세히 알아보자.

삼단 논법은 연역 추리에서 절대 빠뜨릴 수 없는 아주 중요한 추리 방법이다. 삼단 논법은 말 그대로 세 단계를 거쳐 추리를 하는 방법으로, 두 개의 전제*와 한 개의 결론으로 이루어져 있다. 쉽게 말해서 어떤 문제를 풀 때, 그 문제에 대한 힌트가 '전제'이고, 힌트를 바탕으로 얻어 낸 답이 '결론'이라고 할 수 있다.

앞에서 우리는 일반적인 사실이나 지식을 바탕으로 특수한 사실이나 지식을 이끌어 내는 것이 '연역 추리'라고 배웠다. 이때 이미 알고 있는 사실이나 지식이 삼단 논법의 두 개의 전제가 되고, 새로 얻게 된 사실이나 지식이 바로 한 개의 결론이 된다.

이제 삼단 논법에 대한 예를 들어 보자.

전제1 : 사람은 모두 죽는다

전제2 : 소크라테스는 사람이다

결론 : 따라서 소크라테스는 죽는다

'사람은 모두 죽는다.'와 '소크라테스는 사람이다.'라는 내용은 누구나 알 수 있는 사실이다. 이 두 개의 일반적인 사실을 바탕으로 '소크라테스는 죽는다.'라는 한 개의 새로운 사실을 얻게 된 것이다.

우리가 '소크라테스는 죽는다.'라는 결론을 내기 위해서는 '사람은 모두 죽는다.'와 '소크라테스는 사람이다.'라는 두 개의 전제만 있으면 된다. 결국 전제를 벗어나지 않는 범위* 안에서 결론이 나오기 때문에 전제가 '참'이고 결론을 충분히 뒷받침할 수 있다면, 결론도 반드시 '참'이 된다.

● ● ● ● **낱말 풀이**
전제 : 어떠한 사물이나 현상을 이루기 위하여 먼저 내세우는 것
범위 : 어떤 것이 미치는 한계

**기억하며
풀기**

앞에서 우리는 삼단 논법이 무엇이고, 어떻게 이루어져 있는지 살펴보았다. 삼단 논법은 연역 추리의 대표적인 추리 방법이고, 두 개의 전제와 한 개의 결론으로 이루어져 있다.

만약 삼단 논법이 기억나지 않는다면, 앞에서 든 '소크라테스는 죽는다.'는 예를 생각하자. 삼단 논법에 대해 설명해 달라고 부탁하면, 누구나 그 예를 들 만큼 삼단 논법의 대표적인 예라고 할 수 있으니, 잘 기억해 두자. 그럼, 삼단 논법의 내용을 찬찬히 떠올리며 문제를 풀어 보자.

1. 삼단 논법은 어떻게 이루어져 있을까?

① 한 개의 전제와 한 개의 결론   ② 두 개의 전제와 두 개의 결론

③ 두 개의 전제와 한 개의 결론   ④ 한 개의 전제와 두 개의 결론

2. 삼단 논법에서 말하는 '전제'는 무엇일까?

① 미지의 사실   ② 미지의 결론

③ 이미 알고 있는 결론   ④ 이미 알고 있는 사실

3. 삼단 논법에서 말하는 결론은 무엇일까?

① 개념을 종합하여 얻어 낸 새로운 지식

② 전제를 종합하여 얻어 낸 새로운 지식

③ 개념을 종합하여 얻어 낸 낡은 지식

④ 전제를 종합하여 얻어 낸 낡은 지식

4. 삼단 논법의 결론이 반드시 '참'이려면, 어떤 조건이 필요할까? (모두 선택)

① 전제가 없어도 된다

② 전제가 거짓이어야 한다

③ 전제가 참이어야 한다

④ 결론을 뒷받침할 수 있는 전제가 있어야 한다

⑤ 결론을 부정하는 전제가 있어야 한다

⑥ 결론을 분석*할 수 있는 전제가 있어야 한다

● ● ● **낱말 풀이**

분석 : 개념이나 문장을 보다 단순한 개념이나 문장으로 나누어 그 의미를 명료하게 함

5. 다음 전제를 바탕으로 어떤 결론을 낼 수 있을까?

> 전제1 : 금속은 열을 받으면 부풀어 오른다
>
> 전제2 : 철은 금속*이다

① 철은 열을 받으면 부풀어 오른다

② 철은 열을 받아도 부풀어 오르지 않는다

③ 철은 열을 받거나 부풀어 오를 수 있다

④ 답이 없다

● ● ● **낱말 풀이**

금속 : 열이나 전기를 잘 전도하고, 펴지고 늘어나는 성질이 풍부하며, 특수한 광택을 가진 물질을 통틀어 이르는 말

다 아는 건 빼! : 생략 삼단 논법

우리는 친구에게 밥을 먹었는지 물어볼 때 "친구야, 밥 먹었어?"라고 물을 수도 있지만, 그냥 "밥 먹었어?"라고 묻기도 한다. 굳이 '친구'라는 말을 하지 않아도 누구한테 묻는 것인지 알기 때문이다. 앞에서 배운 삼단 논법에서도 굳이 설명하지 않아도 누구나 알 만한 사실은 생략*하기도 하는데 이를 '생략 삼단 논법'이라고 한다.

전제1 : 사람은 모두 죽는다

전제2 : 소크라테스는 사람이다

결론 : 따라서 소크라테스는 죽는다

전제인 '사람은 모두 죽는다.'와 '소크라테스는 사람이다.'는 말하지 않아도 누구나 쉽게 알 수 있는 사실이다. 따라서 둘 중 하나를 생략해도 추리가 가능하다. 여기에서는 '사람은 모두 죽는다.'를 생략해 보자.

전제 : 소크라테스는 사람이다

결론 : 따라서 소크라테스는 죽는다

생략해도 충분히 '소크라테스는 죽는다.'는 결론을 낼 수 있다는 사실을 알 수 있다.

전제뿐 아니라 결론도 생략이 가능하다. '사람은 모두 죽는다.'와 '소크라테스는 사람이다.'라는 두 개의 전제만으로도 '소크라테스는 죽는다.'는 결론을 생

● ● ● **낱말 풀이**

생략 : 전체에서 일부를 줄이거나 뺌

각할 수 있기 때문이다. 이처럼 삼단 논법에서 전제나 결론 중 한 가지를 생략한 것이 생략 삼단 논법이다.

생략 삼단 논법은 간결하다[*]는 장점이 있다. 하지만 자칫하면 잘못된 추리를 할 수 있다는 단점도 있다. 잘못된 전제를 생략하면, 거짓인 결론이 마치 참인 것처럼 보일 수도 있기 때문이다. 그렇기 때문에 생략 삼단 논법의 경우에는 반드시 생략된 부분을 찾아서 완전한 삼단 논법으로 만들어 봐야 한다. 전제가 모두 참인지 확인해야 올바른 추리를 할 수 있기 때문이다.

● ● ● 낱말 풀이
간결하다 : 간단하면서도 짜임새가 있다

기억하며
풀기

생략 삼단 논법과 삼단 논법의 차이는 생략을 했는가, 하지 않았는가에 있다. 생략 삼단 논법은 생략된 사실을 찾아내는 것이 가장 중요하다. 그래야 올바른 추리를 할 수 있기 때문이다. 다음 문제는 전제와 결론 중 한 가지가 생략되어 있다. 어떤 사실이 생략됐는지 찾아보자.

1. 다음은 어떤 내용이 생략됐을까?

> 우리는 학생이다
> 그러므로 학교의 규칙을 지켜야 한다

① 모든 학생은 학교의 규칙을 알아야 한다

② 모든 학교는 규칙이 있어야 한다

③ 모든 학생은 학교의 규칙을 지켜야 한다

④ 모든 학교는 학생이 있어야 한다

2. 다음은 어떤 내용이 생략됐을까?

> 생활 습관은 고칠 수 있다
> 그러므로 담배는 끊을 수 있다

① 흡연[*]은 생활 습관이 아니다   ② 담배는 끊을 수 있다

③ 담배는 끊을 수 없다   ④ 흡연은 생활 습관이다

● ● ● 낱말 풀이
흡연 : 담배를 피는 것

3. 다음은 어떤 내용이 생략됐을까?

> 희선이는 학생이다
>
> 학생은 열심히 공부해야 한다

① 희선이는 열심히 공부해야 한다

② 모든 학생은 열심히 공부해야 한다

③ 학생만 열심히 공부하는 것은 아니다

④ 학생은 공부할 줄 알아야 한다

4. 다음은 어떤 내용이 생략됐을까?

> 혜련이는 남의 물건을 훔쳤다
>
> 그러므로 혜련이는 죄*가 있다

① 혜련이는 남의 물건을 훔치지 않았다

② 혜련이는 남의 물건을 훔치지 말아야 한다

③ 남의 물건을 훔치는 것은 죄다

④ 혜련이는 죄가 없다

● ● ● **낱말 풀이**
죄 : 잘못이나 허물로 인하여 벌을
받을 만한 일

5. 다음은 어떤 내용이 생략됐을까?

> 구리는 금속이다
>
> 그러므로 구리는 전도체*이다

① 구리는 전도체가 아니다　　② 구리는 금속의 일종*이다

③ 금속만 전도체인 것은 아니다　④ 금속은 전도체이다

● ● ● **낱말 풀이**
전도체 : 전기가 통하기 쉬운 물체
일종 : 종류, 또는 한 가지

전제의 결론을 찾아보자

오늘 배울 내용의 최종 목적지가 얼마 남지 않았다. 여기에서는 오늘 배운 연역 추리를 이용하여 결론을 찾아보자. 문제가 어렵다고 느껴질 수도 있다. 하지만 당황하지 말고, 연역 추리가 무엇인지 떠올려 보자. 일반적인 지식이나 사실을 바탕으로 특수한 지식이나 사실을 이끌어 내는 사고 방법이 바로 연역 추리다. 대표적인 방법으로는 삼단 논법이 있고, 두 개의 전제와 한 개의 결론으로 이루어져 있다. 전제에 담긴 의미를 곰곰이 생각하면, 결론을 발견할 수 있다.

1. 다음 내용을 바탕으로 결론을 찾아보자.

> 우리 아빠는 사장이고, 너의 아빠는 직원이다
>
> 우리 아빠는 너의 아빠의 고용주*다

① 우리 아빠가 너의 아빠를 직원으로 고용하였다

② 내가 너의 아빠를 직원으로 고용하였다

③ 나도 너의 고용주다

④ 나도 너의 아빠의 고용주다

● ● ● 낱말 풀이
고용주 : 어떤 대가를 주고 사람을 부리는 사람

2. 다음 내용을 바탕으로 결론을 찾아보자.

> 산소는 연소를 돕는다
>
> 기체 X는 연소를 돕지 못한다

① 기체 X는 산소일 수도 있다   ② 기체 X는 반드시 산소이다

③ 기체 X는 기체가 아닐 것이다   ④ 기체 X는 산소가 아닐 것이다

● ● ● 낱말 풀이
연소 : 어떤 물질이 산소와 화합할 때 빛과 열을 내는 현상

3. 다음 내용을 바탕으로 결론을 찾아보자.

> 호랑이는 사나운 짐승이다
>
> 소는 가축*이다

① 소는 사나운 짐승이다   ② 호랑이는 가축이다

③ 호랑이는 가축이 아니다   ④ 새로운 결론을 내릴 수 없다

● ● ● 낱말 풀이
가축 : 집에서 기르는 짐승. 소, 말, 돼지, 닭, 개 등을 통틀어 이른다

4. 다음 내용을 바탕으로 결론을 찾아보자.

> 젊은이는 노래하기 좋아한다
>
> 이 사람들은 노래하기 좋아한다

① 이 사람들과 젊은이는 노래하기 싫어한다

② 이 사람들은 젊은이다

③ 이 사람들은 젊은이가 아니다

④ 새로운 결론을 내릴 수 없다

5. 다음 내용을 바탕으로 결론을 찾아보자.

> 고전 문학은 모두 예술성*이 있다
>
> 이 작품은 고전 문학이 아니다

① 새로운 결론을 내릴 수 없다   ② 이 작품은 예술성이 있다

③ 이 작품은 예술성이 없다   ④ 고전 문학은 예술성이 있을 수 없다

● ● ● 낱말 풀이
예술성 : 예술 작품이 지닌 예술적
인 특성

6. 다음 내용을 바탕으로 결론을 찾아보자.

> 우수한* 아이는 성적이 나쁠 수 없다
>
> 선미의 성적은 아주 좋다

① 선미는 우수한 아이다   ② 선미는 우수한 아이가 아니다

③ 새로운 결론을 내릴 수 없다   ④ 성적이 좋은 아이는 반드시 우수하다

● ● ● 낱말 풀이
우수하다 : 여럿 가운데 뛰어나다

7. 다음 내용을 바탕으로 결론을 찾아보자.

> 학생 중 일부는 축구선수다
>
> 농구선수 중 일부는 학생이다

① 모든 학생은 농구선수다

② 모든 학생은 축구선수다

③ 학생 중 일부는 농구선수거나 축구선수다

④ 새로운 결론을 내릴 수 없다

8. 다음 내용을 바탕으로 결론을 찾아보자.

> 추위를 타는 아이는 감기에 걸리기 쉽다
>
> 찬수는 추위를 잘 탄다

① 찬수는 감기에 걸린 적이 없다

② 찬수는 쉽게 감기에 걸릴 것이다

③ 찬수는 감기에 걸렸다

④ 새로운 결론을 내릴 수 없다

9. 다음 내용을 바탕으로 결론을 찾아보자.

> 좋은 책은 사람에게 유익하다
>
> 이 책은 유익하지 않다

① 이 책은 좋은 책이다　　② 이것은 책이 아니다

③ 이것은 좋은 책이 아니다　　④ 새로운 결론을 내릴 수 없다

10. 다음 내용을 바탕으로 결론을 찾아보자.

> 의욕*이 상한 사람은 쉽게 흔들리지 않는다
>
> 일부 사람들은 쉽게 흔들린다

① 모든 사람은 의욕이 강하지 못하다

② 일부 사람들은 의욕이 강하지 못하다

③ 모든 사람은 쉽게 흔들린다

④ 새로운 결론을 내릴 수 없다

11. 다음 내용을 바탕으로 결론을 찾아보자.

> 모든 식물은 물질*이다
>
> 모든 물질은 신이 창조한 것이다

① 모든 물질은 식물이다

② 모든 식물은 신이 창조한 것이다

③ 모든 식물은 신이 창조한 것이 아니다

④ 새로운 결론을 내릴 수 없다

머릿속에
넣기

① 추리는 이미 알고 있는 사실로부터 새로운 사실을 찾아내는 것이다.

② 우리는 일상생활에서 추리를 다양하게 이용하고 있다.

③ 연역 추리란 일반적인 지식을 바탕으로 특수한 지식을 이끌어 내는 사고 방법이다.

④ 삼단 논법은 두 개의 '전제'를 종합하여 한 개의 '결론'을 얻어 내는 것이다.

⑤ 연역 추리에서 전제가 참이고 결론을 충분히 뒷받침할 수 있다면 그 결론은 반드시 참이다.

논리퀴즈

이제 여러분이 명탐정이 되어 보는 시간이다. 여러분에게 주어진 정보는 많지 않지만 꼼꼼히 살펴보면 질문에 대한 답을 찾을 수 있다. 머릿속으로 생각하면 쉽게 풀리지 않는다. 책의 빈 공간이나 연습장에 적어 가며 풀어 보자.

미궁 속에 빠진 사건을 해결할 준비가 끝났다면 이제 시작하자. 준비된 문제는 오직 5개뿐이다. 빨리 해결하는 것도 중요하지만 정확하게 해결하는 것이 더 중요하다. 여러분이 탐정이고 문제가 범인을 찾는 것이라고 했을 때, 여러분이 범인을 잘못 찾는다면 억울하게 누명을 쓰는 사람이 생기게 된다. 절대 서두를 필요는 없다. 차분히 생각하면서 옳은 답을 구해 보자.

첫 번째 문제

1

상혁이, 찬수, 선미의 직업은 무엇일까?

상혁, 찬수, 선미는 여행 동호회 회원이다. 어느 날 승원이가 이 동호회에 가입했다. 자기 소개를 하며 상혁, 찬수, 선미의 직업을 묻는 승원이를 보고 재밌는 생각이 떠오른 상혁은 승원에게 문제를 냈다.

"우리 중 한 명은 경찰, 한 명은 교사, 한 명은 변호사예요. 우리의 직업은 각각 무엇일까요?"

그러자 승원이가 당황한 표정으로 말했다.

"그걸 어떻게 맞히죠?"

"교사의 나이는 나보다 적어요." 상혁은 웃으며 한 가지 힌트를 주었다.

"저도 힌트를 하나 드릴게요. 제 나이는 변호사보다 많답니다." 옆에 있던 찬수도 힌트를 주었다.

"저는 교사와 동갑이 아니랍니다." 선미도 힌트를 주었다.

승원은 세 사람의 직업을 맞출 수 있을까? 각자의 직업이 무엇인지 찾아보자.

| 교사의 나이는 상혁이보다 적다 |
| 찬수의 나이는 변호사보다 많다 |
| 선미는 교사와 동갑이 아니다 |

	변호사	경찰	교사
상혁			
찬수			
선미			

Tip | 먼저 교사가 누구인지 찾아보자.

두 번째 문제 2

네 쌍 부부의 짝을 찾아라

네 쌍의 부부가 크리스마스 파티에 참석했다. 남편의 이름은 영일, 형호, 상혁, 찬수이고, 아내의 이름은 혜련, 현정, 승원, 희선이다.

크리스마스 파티는 아주 흥겹게 진행되었다. 춤을 추는 사람도 있고, 악기를 연주하는 사람, 조용히 구경하는 사람도 있다.

선미가 뒤늦게 파티에 참석했는데, 파티의 광경만 보고는 누가 서로 부부인지 알 수 없었다. 아래몇 가지 힌트가 주어졌을 때, 선미는 네 쌍 부부의 짝을 찾을 수 있을까?

> 영일의 아내는 남편과 춤을 추고 있는 것이 아니라, 혜련이의 남편과 춤을 추고 있다
>
> 찬수와 희선이는 춤을 추지 않는다
>
> 형호는 기타를 치고, 승원은 피아노를 치고 있다
>
> 희선이의 남편은 형호가 아니다

Tip | 먼저 혜련이의 남편과 영일의 아내를 찾아보자. 위에 주어진 상자를 이용하여 한 명씩 표시해 보면 쉽게 찾을 수 있다

	영일	형호	상혁	찬수
혜련				
현정				
승원				
희선				

세 번째 문제 3

찬수네 반은 축구 시합에서 몇 번 이기고 몇 번 졌을까?

승원, 상혁, 현정, 선미, 찬수네 반 학생들이 축구 시합을 했다. 각 팀이 서로 경기를 치른 후 승리를 가장 많이 한 두 반이 결승전을 하기로 했다. 모든 경기가 끝나고 각 반의 결과를 봤는데 누군가의 실수로 찬수네 반의 결과가 지워졌다.

비긴 경기가 한 경기도 없었을 때 아래에 있는 네 반의 경기 결과를 보고 찬수네 반의 결과를 알아낼 수 있을까? 여러분의 멋진 추리력으로 찬수네 반의 결과를 맞혀보자.

> 승원이네 반 : 3승 1패   상혁이네 반 : 1승 3패
>
> 현정이네 반 : 2승 2패   선미네 반 : 1승 3패

Tip | 먼저 다섯 개 팀이 모두 몇 경기를 했는지를 알아보고, 주어진 네 팀의 승패를 확인해 보자.

네 번째 문제

100m 달리기의 결과를 맞혀보자

오늘은 즐거운 운동회 날이다. 하늘에는 만국기가 펄럭이고 운동장은 응원 소리로 가득 찼다. 운동장 한 편에는 100m 달리기 결승전이 진행되고 있었다. '탕!' 출발을 알리는 총소리와 함께 영일, 형호, 상혁, 찬수는 결승점을 향해 열심히 달렸다.

그런데 순위를 매기는 선생님께서 잠깐 한눈을 파는 사이에 아이들이 모두 결승점을 지나 버렸다. 선생님은 당황해 하며 주위에 있던 아이들에게 순위를 물었다. 다음은 아이들이 이야기해 준 순위다. 선생님은 제대로 순위를 매길 수 있을까?

친구들의 증언	영일이는 2등이나 3등을 했다
	형호는 1등이나 2등을 했다
	상혁이는 1등이나 3등을 했다
	2등은 영일이나 찬수다

Tip | 다음 표에 아이들의 말을 적어 보자. 4등인 친구를 찾으면 나머지 친구들의 등수도 쉽게 찾을 수 있다.

	영일	형호	상혁	찬수
1등				
2등				
3등				
4등				

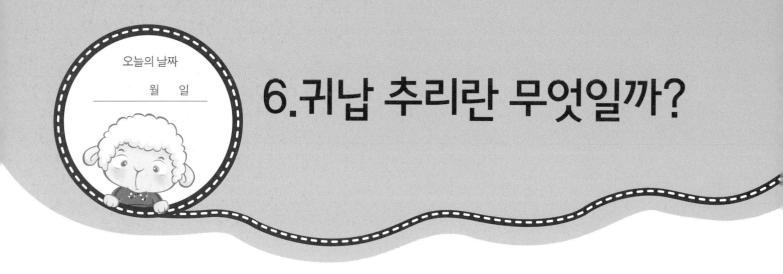

6.귀납 추리란 무엇일까?

오늘의 날짜

월 일

앞에서 연역 추리와 연역 추리의 삼단 논법에 대해 알아보았다. 이번에는 귀납 추리에 대해 살펴보자. 귀납 추리는 개별 사례에서 하나의 일반적인 결론을 찾아내는 것인데, 귀납 추리 방법에는 '일치법'과 '차이법'이 있다. 여기에서는 귀납 추리가 무엇이고, 일치법과 차이법이 무엇인지 살펴보자.

오늘의 배울거리

생활 속의 공통점을 찾아라

어느 날 선생님이 '일상생활 속에서 공통적으로 발견되는 원리를 찾아보라.'는 과제를 내주었다. 찬수가 책상 앞에서 끙끙대자 엄마가 다가와 물었다.

"찬수야, 무슨 고민* 있니?"

그러자 찬수가 힘없는 목소리로 대답했다.

"선생님이 일상생활 속에서 공통적으로 발견되는 원리를 찾아보라고 하셨는데, 뭐가 있는지 도통 모르겠어요."

찬수의 대답에 엄마가 빙그레 웃으며 말했다.

"우리 찬수가 너무 어렵게 생각하는 것 같은데? 엄마랑 같이 찾아볼까? 사람이라면 누구나 똑같이 하는 것을 생각해 보자."

엄마의 제안에 골똘히 생각하던 찬수가 생각난 듯 소리쳤다.

"아! 옷! 사람들은 모두 옷을 입어요."

엄마는 대견한 듯 찬수의 머리를 쓰다듬으며 말했다.

"맞아. 그리고 사람이라면 누구나 음식을 먹기도 하지. 생각보다 공통점을 찾는 게 쉽지 않니?"

● ● ● 낱말 풀이

고민 : 마음속으로 괴로워하고 애를 태움

찬수는 엄마의 질문에 우렁차게 "네!"라고 대답했다.

찬수가 '모든 사람들은 옷을 입는다.'는 원리*를 발견하기까지 어떤 생각의 과정을 거쳤을까? '사람이라면 누구나 똑같이 하는 것'을 생각하면서 찬수는 엄마도 옷을 입고, 자신도 옷을 입고 있다는 것을 발견했다. 그리고 엄마와 자신뿐만 아니라 모든 사람들이 옷을 입는다는 사실을 깨달았다. 여기에서 바로 '사람은 옷을 입는다.'라는 원리를 발견한 것이다.

이처럼 우리는 일상생활 속에서 일반적인 원리를 이끌어 낼 수 있다. 이러한 추리 방법이 바로 '귀납 추리'다.

귀납 추리는 앞의 이야기를 통해 알 수 있듯이, 여러 곳에서 발견한 특징을 종합*해서 하나의 공통된 원리로 말하는 것이다.

추리는 끊임없이 생각하는 과정이다. 끊임없이 생각하지 않고 현재에 만족한다면 새로운 지식을 얻지 못하고 늘 제자리걸음만 하게 된다. 주위에 있는 수많은 사실을 바탕으로 추리를 해 보자. 여러분의 사고력은 쑥쑥 자라고, 머릿속은 새로운 지식으로 가득 찰 것이다.

정확하게
읽기

남자아이들은 모두 운동을 잘한다? : 귀납 추리

이제 본격적으로 귀납 추리에 대해 배우도록 하자. 귀납 추리에 대해 이야기하기 전에 어제 배웠던 연역 추리를 떠올려 보자. 귀납 추리와 연역 추리는 서로 반대되는 개념이기 때문에 연역 추리를 제대로 알았다면, 귀납 추리는 쉽게 배울 수 있다.

연역 추리와 귀납 추리의 가장 큰 차이는 바로 '전제'에 있다. 전제가 일반적인 것이냐, 특수한 것이냐에 따라 연역 추리와 귀납 추리로 나눌 수 있는 것이다.

연역 추리가 일반적인 전제를 바탕으로 특수한 결론을 얻는 반면, 귀납 추리는 특수한 전제를 바탕으로 일반적인 결론을 얻는다. 다시 말해 귀납 추리와 연역 추리는 서로 반대되는 개념이다.

예를 들어 보자. 연역 추리에서는 '모든 사람이 죽는다.'는 일반적인 사실에서 '소크라테스는 죽는다.'는 개별*적인 사실을 얻었다. 귀납 추리는 이와 반대이므로 '소크라테스는 죽는다.'는 개별적인 사실을 통해 '모든 사람은 죽는다.'는 일반적인 사실을 이끌어 내는 것이다.

또 다른 예를 들어 보자. 친구 영일이는 매일 수영을 하는데 감기도 안 걸리고 건강하다. 하지만 찬수는 운동을 전혀 하지 않고 감기를 늘 달고 지내면서 몸도 허약하다. 이런 사실을 통해 우리는 '운동을 하면 안 하는 사람보다 건강하다.'는 결론을 얻을 수 있다.

연역 추리는 일반적 사실로부터 개별적 사실을 얻고, 귀납 추리는 개별적 사실로부터 일반적 사실을 얻는다는 것 이외에도 또 다른 차이점이 있다. 연역 추리는 전제가 정확하면 결론도 참이라고 했다. 하지만 귀납 추리는 전제가 정확해도 결론이 항상 참인 것은 아니다.

예를 들어 여러분이 아는 남자아이들이 운동을 잘한다고 해서 '남자아이들은 모두 운동을 잘한다.'고 결론을 내릴 수는 없다. 왜냐하면 여러분이 모르는 남자아이들 중에는 운동을 못하는 경우도 얼마든지 있을 수 있기 때문이다.

그렇기 때문에 귀납 추리를 통해 결론을 내리려면 전제가 되는 사실을 가능한 한 다양하게 알아야 한다. 그래야 결론이 '참'일 가능성이 높아진다.

기억하며 풀기

이제 우리는 귀납 추리가 무엇이고, 연역 추리와 무엇이 다른지 알았다. 아직 귀납 추리에 대해 배울 것이 많이 남았지만 앞의 내용을 정확히 이해했다면 앞으로 배울 내용도 이해하기 쉬울 것이다. 그럼, 문제를 풀어 보면서 앞의 내용을 다시 한 번 머릿속에 떠올려 보자.

1. 귀납 추리란 무엇일까?

① 개별적인 지식으로부터 일반적인 결론을 이끌어 내는 것

② 개별적인 지식으로부터 개별적인 결론을 이끌어 내는 것

③ 일반적인 결론으로부터 개별적인 지식을 이끌어 내는 것

④ 일반적인 결론으로부터 일반적인 결론을 이끌어 내는 것

2. 귀납 추리의 결과가 참일 가능성을 높이려면 어떻게 해야 할까? (모두 선택)

① 평범한 사람이나 사물은 연구 대상이 될 수 없다

② 연구 대상의 수를 늘린다

③ 연구 대상을 다양하게 선택해야 한다

④ 연구 대상은 특징이 분명해야 한다

3. 다음 중 귀납 추리에 관한 예를 찾아보자. (모두 선택)

① 지진이 일어나기 전, 많은 동물들이 급히 이사를 간다. 그러므로 지진은 발생하기 전에 알 수 있다

② 일류* 학교의 모든 학생은 성적이 우수하다. 그러나 그는 일류 학교의 학생이 아니다. 그러므로 그는 성적이 우수하지 않다

③ 그동안 사람들이 본 까마귀는 모두 검은색이었다. 그러므로 이 세상의 모든 까마귀는 검은색일 것이다

④ 십년 동안 늑대를 본 사람이 없다. 그러므로 늑대는 이미 멸종*한 게 분명하다

⑤ 상자 안에 들어 있는 사과를 열 개나 쪼개 보았는데 모두 썩어 있었다. 그 상자 안의 사과는 모두 썩었을 것이다

⑥ 핼리혜성*은 76년 만에 한 번씩 나타난다. 1986년에 나타났기 때문에, 2062년이 되면 나타날 것이다

4. 흡연이 건강에 나쁘다는 것을 연구하기 위해 가장 적합한 방법은 어느 것일까?

① 성인 흡연자 100명을 대상으로 건강 상태를 조사한다

② 성인 흡연자 300명을 대상으로 건강 상태를 조사한다

③ 성인 흡연자 500명을 대상으로 건강 상태를 조사한다

④ 성인 흡연자 700명을 대상으로 건강 상태를 조사한다

● ● ● ● **낱말 풀이**

일류 : 어떤 방면에서 첫째가는 지위나 부류

멸종 : 생물의 한 종류가 아주 없어짐. 또는 생물의 한 종류를 아주 없애 버림

핼리혜성 : 명왕성 가까이에 존재하는, 길쭉한 궤도를 가진 혜성. 매우 긴 꼬리를 가지고 있고, 출현 주기는 76.2년이다. 영국의 천문학자 핼리가 처음으로 그 궤도와 궤도 주기를 계산한 데서 그의 이름을 붙였다

5. 아이들이 축구를 좋아하는지 알아내기에 가장 적합한 방법은 어느 것일까?

① 축구 경기장에서 축구 시합을 보고 있는 아이들을 연구한다

② 운동장에서 축구를 하는 아이들을 연구한다

③ 축구장이 있는 학교의 학생들을 연구한다

④ 여러 학교에서 다양한 학생들을 대상으로 연구한다

6. 대학생들의 영어 수준을 알아보려면 어떤 방법이 가장 적합할까?

① 성적이 가장 좋은 대학생을 대상으로 시험을 본다

② 성적이 제일 낮은 대학생을 대상으로 시험을 본다

③ 성적이 제일 좋은 대학생과 제일 나쁜 대학생을 대상으로 시험을 본다

④ 무작위*로 아무 대학의 대학생이나 선택하여 시험을 본다

● ● ● ● **낱말 풀이**

무작위 : 통계의 표본 추출에서, 일어날 수 있는 모든 일이 동등한 확률로 발생하게 함

정확하게
읽기

아니 땐 굴뚝에 연기 날까? : 인과 관계

'원인'과 '결과'를 잘 설명해 주는 속담 중에 '아니 땐 굴뚝에 연기 날까?'라는 속담이 있다. 굴뚝에서 연기가 나는 것은 누군가가 부엌에서 불을 땠기 때문이며, 만약 불을 땐 사람이 없다면 연기도 날 수 없다는 뜻이 담겨 있다. 이때 불을 땐 것이 원인이고, 연기가 나는 것이 결과다.

만약 원인이 없다면 결과도 없고, 결과가 없다면 원인도 있을 수 없다. 이것이 바로 원인과 결과의 관계, 즉 '인과 관계'이다. 사실, 우리 주위에서 일어나는 일은 대부분 인과 관계를 갖고 있다. 모든 일에는 원인이 있고, 모든 원인은 반드시 어떤 결과를 빚어내기 때문이다. 그렇기 때문에 원인과 결과는 서로 떼어 낼 수 없는 관계라 할 수 있다.

예를 들어 여러분이 '친구와 싸워서 화가 났다.'고 하자. 친구와 싸운 것이 바로 원인이고, 이로 인해 화가 난 것이 바로 결과다. 만약 친구와 싸우지 않았다면 화가 나는 일도 없었을 것이다.

물론 결과는 있지만 그 원인을 알 수 없는 경우도 있다. 하지만 그것은 원인이

없는 게 아니라, 아직까지 원인을 발견하지 못한 것일 뿐이다.

우리 주위에는 여러 가지 질병*으로 고생하는 사람들이 많이 있다. 이러한 질병 가운데는 정확한 원인을 발견하지 못해서 치료할 수 없는 것도 있다. 하지만 정확한 원인이 밝혀지지 않은 병도 반드시 원인이 있기 때문에 의학 기술이 더 발달하면 언젠가는 치료할 수 있을 것이다.

한편 원인에 대해 공부할 때 한 가지 주의해야 할 점이 있다. 원인과 조건을 혼동하지 말아야 한다는 것이다. 예를 들어 여러분이 사과나무를 심었다고 하자. 10년 후, 이 사과나무는 무럭무럭 자라서 철마다 열매를 맺는다. 이때 사과나무가 자라서 철마다 열매를 맺게 된 원인은 여러분이 사과나무를 심었기 때문이다. 그리고 물과 거름*, 충분한 햇볕은 나무가 자랄 수 있는 조건이 된다.

지금까지 원인과 결과에 대해 살펴보았다. 하나의 원인에는 하나의 결과가 있고, 여러 가지 원인이 종합적으로 작용*해 하나의 결과가 나올 수도 있다. 귀납 추리를 효과적으로 하기 위해서는 무슨 일이든지 일이 일어난 인과 관계를 확실하게 알아야 한다.

● ● ● ● **낱말 풀이**
질병 : 몸의 온갖 병
거름 : 식물이 잘 자라도록 땅을 기름지게 하기 위하여 주는 물질. 똥, 오줌, 썩은 동식물, 광물질 등이 있다
작용 : 어떠한 현상을 일으키거나 영향을 미침

기억하며 풀기

어떤 일이든 원인이 있으면 반드시 결과가 있고, 결과가 있으면 반드시 원인이 있다는 것을 우리는 인과 관계가 무엇인지 배우면서 알게 되었다.

인과 관계는 여러분도 일상생활에서 쉽게 적용할 수 있다. 어떤 일이든 원인을 알았으면 그 결과가 무엇인지 생각해 보고, 결과를 알았으면 원인이 무엇인지 생각해 보는 습관을 들이자.

● ● ● ● **낱말 풀이**
공급 : 요구나 필요에 따라 물품 등을 제공함

1. 사과나무가 자랄 수 있었던 원인은 다음 중 무엇 때문일까?

① 충분한 영양을 공급*해 주어서　② 필요한 양만큼 물을 주어서

③ 나무를 심어서　　　　　　　　④ 햇볕을 충분히 쬐어 주어서

2. 다음 중 사과나무가 자랄 수 있는 조건에 해당하지 않는 것은 어느 것일까?

① 충분한 영양을 공급한다　② 필요한 양만큼 물을 준다

③ 나무를 심는다　　　　　④ 햇볕을 충분히 쬐어 준다

3. 날씨와 온도의 관계로 적당한 것은 무엇일까?

    ① 날씨는 원인이고, 온도는 결과다

    ② 온도는 원인이고, 날씨는 결과다

    ③ 모두 원인이다

    ④ 서로 인과 관계가 존재하지 않는다

4. 인과 관계에 대한 설명 중 옳은 것을 무엇일까? (모두 선택)

    ① 원인이 있으면 반드시 결과가 있다

    ② 원인이 있어도 반드시 결과가 있는 것이 아니다

    ③ 결과 없는 원인은 있을 수 없다

    ④ 결과가 있어도 반드시 원인이 있는 것이 아니다

    ⑤ 원인 없는 결과는 있을 수 없다

    ⑥ 원인이 없으면 결과도 없다

정확하게
읽기

왜 배탈이 났을까? : 일치법과 차이법

희선이와 선미는 패스트푸드점에 갔다. 희선이는 샐러드와 햄버거를 먹고, 선미는 샐러드와 주스를 먹었는데, 둘 다 배탈이 나고 말았다. 희선이와 선미는 무엇 때문에 배탈이 난 것일까? 우리는 희선이와 선미가 공통적으로 먹은 것은 샐러드이기 때문에 샐러드가 문제라는 사실을 알 수 있다. 이처럼 샐러드와 같이 공통 원인을 발견하는 것이 바로 '일치법'이다.

또 다른 예를 들어 보자. 건강한 사람이 여러 명 있다. 이들은 나이는 물론이고 하는 일, 매일 먹는 음식도 모두 다르다. 하지만 이들에게는 공통적인 습관이 하나 있다. 늘 규칙적으로 운동을 한다는 것이다. 이를 통해 우리는 그들이 건강한 것은 '규칙적으로 운동하기 때문'이라는 결론을 얻을 수 있다.

일치법에서는 공통점을 찾는 것이 가장 중요하다. 하지만 공통점을 찾는 것에만 집중하다 보면, 가끔 공통 원인이 아닌 것은 그냥 지나쳐 버리는 실수를 할 수도 있다. 앞의 희선이와 선미의 이야기를 다시 살펴보자. 둘이 공통으로 먹은 것은 샐러드이지만, 사실 배탈이 난 이유는 햄버거와 주스일 수도 있다. 이처럼 일치법은 하나의 공통점을 유일한 원인으로 생각한다는 단점이 있다. 따라서 일치법을 사용할 때는 다른 원인에 대해서도 늘 생각해 봐야 한다.

이제 차이법이 무엇인지 알아보자. 차이법은 무엇일까? 차이법은 말 그대로 여러 상황의 차이점을 원인으로 보는 방법이다.

예를 들어 두 그루의 사과나무가 있다고 해 보자. 두 그루의 나무에 날씨, 흙, 햇볕, 물 등의 모든 조건은 같게 해 주고, 비료만 서로 다른 회사의 것을 사용했다. 이때 한 그루의 사과나무에만 더 많은 사과가 열렸다면, 이 나무에 사용한 비료가 열매를 맺는 데 더 효과*가 있다는 결론을 얻을 수 있다.

차이법을 이용하여 추리를 할 때 가장 중요한 것은 모든 조건을 같게 하고, 오직 하나만의 차이점을 두어야 한다는 것이다. 만약 차이점이 여러 개라면 진짜 원인이 무엇인지 알기 어렵다.

● ● ● 낱말 풀이

효과 : 어떤 목적을 지닌 행위에 의하여 드러나는 보람이나 좋은 결과

인과 관계를 파악하는 방법으로 일치법과 차이법에 대해 알아보았다. 일치법은 공통점을 찾는 것이고 차이법은 차이점을 찾아 원인을 파악하는 방법이라고 하면 쉽게 이해가 될 것이다. 일치법과 차이법에 대한 내용을 확실히 머릿속에 새겨 두자. 그리고 주의해야 할 점에 대해서도 다시 한 번 생각해 보자. 그럼, 문제를 통해 알고 있는 내용을 확인해 보자.

1. 일치법의 특징은 무엇일까?

① 공통점 속에서 같은 점을 찾아낸다. 즉, 여러 가지 같은 상황 속에서 같은 결과를 만드는 공통 원인을 찾아낸다

② 공통점 속에서 차이를 찾아낸다. 즉, 여러 가지 같은 상황 속에서 서로 다른 결과를 만드는 공통 원인을 찾아낸다

③ 차이점 속에서 차이를 찾아낸다. 즉, 여러 가지 다른 상황 속에서 다른 결과를 만드는 공통 원인을 찾아낸다

④ 차이점 속에서 같은 점을 찾아낸다. 즉, 여러 가지 다른 상황 속에서 같은 결과를 만드는 공통 원인을 찾아낸다

2. 일치법을 사용하는 데 가장 주의해야 할 점은 무엇일까?

　　① 원인을 연구하는 것　　　② 원인을 관찰하는 것

　　③ 원인을 단정하는 것　　　④ 원인을 찾는 것

3. 차이법의 특징은 무엇일까?

　　① 공통점 속에서 같은 점을 찾아낸다. 즉, 여러 가지 같은 상황 속에서 같은 결과를 만드는 공통 원인을 찾아낸다

　　② 공통점 속에서 차이를 찾아낸다. 즉, 여러 가지 같은 상황 속에서 서로 다른 결과를 만드는 공통 원인을 찾아낸다

　　③ 차이점 속에서 차이를 찾아낸다. 즉, 여러 가지 다른 상황 속에서 다른 결과를 만드는 공통 원인을 찾아낸다

　　④ 차이점 속에서 같은 점을 찾아낸다. 즉, 여러 가지 다른 상황 속에서 같은 결과를 만드는 공통 원인을 찾아낸다

4. 차이법으로 추리할 때, 가장 중요한 것은 무엇일까?

　　① 여러 가지 상황 속에서 서로 다른 조건은 오직 하나뿐이다

　　② 여러 가지 상황 속에서 똑같은 조건은 오직 하나뿐이다

　　③ 같은 상황 속에서 서로 다른 조건은 오직 하나뿐이다

　　④ 같은 상황 속에서 같은 조건은 오직 하나뿐이다

5. 학생들이 다음 음식을 먹고 모두 배탈이 났다. 배탈이 나게 만든 음식은 무엇일까?

　　　학생 A : 수박, 쇠고기 조림, 사이다, 우유, 밥, 빵

　　　학생 B : 달걀, 수박, 쇠고기 조림, 우유, 고구마, 밥

　　　학생 C : 쇠고기 조림, 달걀, 수박, 고구마, 밥, 빵

　　　학생 D : 사이다, 우유, 고구마, 빵, 쇠고기 조림, 달걀

　　① 수박　　　② 쇠고기조림　　　③ 밥　　　④ 사이다

6. 다음은 전염병에 걸린 환자들의 리스트이다. 그들이 갔던 곳 중 전염병의 원인이 되는 곳은 어디일까?

> 환자 A : 4층 화장실, 1층 조제*실, 2층 식당, 지하홀, 3층 병실
>
> 환자 B : 지하홀, 3층 식당, 4층 화장실, 3층 병실, 4층 병실
>
> 환자 C : 2층 식당, 4층 화장실, 1층 조제실, 4층 병실, 3층 병실
>
> 환자 D : 지하홀, 2층 식당, 4층 화장실, 1층 조제실, 4층 병실

① 4층 화장실   ② 3층 병실   ③ 지하홀   ④ 1층 조제실

● ● ● ● **낱말 풀이**

조제 : 여러 가지 약품을 적절히 조합하여 약을 지음. 또는 그런 일

7. 다음은 학생과 선생님이 먹었던 음식이다. 학생들은 모두 멀쩡한데 선생님만 배탈이 났다면 배탈의 원인이 된 음식은 무엇일까?

> 학생 A : 달걀, 배추, 아이스크림, 사이다, 두부
>
> 학생 B : 사이다, 달걀, 미역, 오이, 파란 콩
>
> 학생 C : 빵, 오이, 아이스크림, 두부, 파란 콩
>
> 선생님 A : 배추, 사이다, 우유, 빵, 미역

① 배추   ② 달걀   ③ 우유   ④ 사이다

8. 다음은 네 명의 환자가 이동했던 장소다. 네 명의 환자 중 D만 감기에 걸렸다면 감기의 원인이 된 장소는 어디일까?

> 환자 A : 4층 화장실, 1층 조제실 2층 식당, 지하홀, 3층 병실
>
> 환자 B : 지하홀, 2층 식당, 4층 화장실, 3층 병실, 4층 병실
>
> 환자 C : 2층 식당, 4층 화장실, 1층 조제실, 4층 병실, 3층 병실
>
> 환자 D : 지하홀, 2층 식당, 4층 화장실, 1층 조제실, 5층 병실

① 2층 식당   ② 3층 병실   ③ 5층 병실   ④ 4층 병실

12머릿속에
넣기

① 귀납 추리는 개별적 사례에서 하나의 일반적 결론을 찾아내는 것이다.

② 원인이 있으면 반드시 그에 따른 결과가 있기 마련이다.

③ 귀납 추리 방법에는 '일치법'과 '차이법'이 있다.

④ 일치법은 다른 상황 속에서 같은 결론을 만드는 공통 원인을 찾아내는 것이다.

⑤ 차이법은 같은 상황 속에서 다른 결론을 만드는 하나의 원인을 찾아내는 것이다.

3너는 꿈을 어떻게 이룰래? **098**2

이제 여러분이 명탐정이 되어 보는 시간이다. 여러분에게 주어진 정보는 많지 않지만 꼼꼼히 살펴보면 질문에 대한 답을 찾을 수 있다. 머릿속으로 생각하면 쉽게 풀리지 않는다. 책의 빈 공간이나 연습장에 적어 가며 풀어 보자.

미궁 속에 빠진 사건을 해결할 준비가 끝났다면 이제 시작하자. 준비된 문제는 오직 5개뿐이다. 빨리 해결하는 것도 중요하지만 정확하게 해결하는 것이 더 중요하다. 여러분이 탐정이고 문제가 범인을 찾는 것이라고 했을 때, 여러분이 범인을 잘못 찾는다면 억울하게 누명을 쓰는 사람이 생기게 된다. 절대 서두를 필요는 없다. 차분히 생각하면서 옳은 답을 구해 보자.

첫 번째 문제 1

가장 성적이 좋은 사람과 나쁜 사람은 누구일까?

승원, 상혁, 찬수, 현정, 희선, 선미는 2009년 한언학교에 입학했다. 오늘은 학교에 입학하기 전에 본 입학시험의 성적 발표가 있는 날. 선생님께서 승원, 상혁, 찬수, 현정, 희선, 선미를 불렀다.

평소 퀴즈를 좋아하는 선생님은 성적을 바로 알려 주시지 않고 힌트를 주어 성적을 맞히게 했다. 다음 힌트를 보고 성적이 높은 사람부터 낮은 사람 순서로 적어 보자. 성적이 가장 좋은 사람과 가장 나쁜 사람은 누구일까?

> 승원이의 성적은 상혁이보다 좋다
> 찬수의 성적은 현정이보다 나쁘다
> 희선이의 성적은 선미보다 나쁘지만 승원이보다는 좋다
> 상혁이의 성적은 현정이보다 좋지만 희선이보다 못하다

Tip | 기호 〉를 이용해 성적이 더 높은 사람을 표시해 보자. 예를 들면 A〉B로 A의 성적이 B보다 좋다는 것을 표시하자. 네 개의 힌트를 나란히 놓고 비교하면 쉽게 답을 구할 수 있다.

두 번째 문제 2

가장 효과적인 자리 배치는 어떻게 할까?

오늘은 '외국어 말하기 대회'가 열리는 날이다. 전국 각지에서 외국어가 능숙한 학생들이 모였다. 규칙은 오직 외국어로만 대화해야 하며, 자신의 양옆에 있는 사람하고만 대화할 수 있다.

서울 대표 승원, 경기도 대표 상혁, 전라도 대표 찬수, 강원도 대표 현정, 경상도 대표 선미는 모두 두 개의 외국어를 할 수 있다. 이들 다섯 명이 양옆에 있는 사람과 자유롭게 대화하기 위해서는 자리 배치를 어떻게 해야 할까?

> 승원이는 프랑스에서 유학을 했고, 독일어도 할 수 있다
>
> 상혁이는 일본에서 유학을 했고, 중국어도 할 수 있다
>
> 찬수는 미국에서 유학을 했고, 프랑스어도 할 수 있다
>
> 현정이는 프랑스에서 유학을 했고, 일본어도 할 수 있다
>
> 선미는 중국에서 유학을 했고, 영어도 할 수 있다

Tip | 다섯 명 중 독일어를 할 수 있는 사람은 오직 한 명이다. 이 사람을 중심으로 자리를 배치하면 쉽게 정답을 찾을 수 있다.

세 번째 문제

3

가장 늦게 집에 들어온 사람은 누구일까?

찬수네 가족은 할아버지, 아버지, 어머니, 그리고 여동생 선미 이렇게 다섯 명이다. 찬수네 집은 매일 밤 제일 늦게 집에 들어온 사람이 반드시 집안의 전기를 끄도록 되어 있다. 그러던 어느 날, 마지막으로 귀가한 사람이 전기를 끄지 않았다. 집안의 가장 큰 어른인 할아버지께서 가족들을 모두 불러 누가 마지막에 집에 왔는지 묻고 있다. 가족들의 대화를 봤을 때, 가장 늦게 집에 들어온 사람은 누구일까?

> 아버지 : 제가 왔을 때 찬수는 컴퓨터를 하고 있었어요
>
> 어머니 : 제가 왔을 때 선미는 이미 자고 있었어요
>
> 찬수 : 제가 왔을 때 어머니가 막 잠자리에 들려고 했어요
>
> 선미 : 저는 침대에 누우면 바로 잠들기 때문에 아무것도 몰라요

Tip | 두 명씩 비교해 가며 찾아보자.

찬수네 집은 어떤 가게를 할까?

승원, 상혁, 희선, 찬수, 현정, 선미네 집은 모두 한 상가에서 가게를 한다. 도로를 사이에 두고 세 집씩 서로 마주 보고 있을 때, 주어진 사실을 바탕으로 찬수네 집에서 무엇을 파는지 맞혀 보자.

> 찬수네 가게 오른쪽은 문구점이다
>
> 문구점 맞은편은 옷 가게다
>
> 옷 가게의 왼쪽은 편의점이다
>
> 승원이네 가게 맞은편은 과일 가게다
>
> 승원이네 가게와 꽃집은 같은 편에 있다

Tip | 주어진 사실을 바탕으로 그림을 그려 보자. 네 번째와 다섯 번째 사실을 바탕으로 추리해 보면 승원이네 가게와 찬수네 가게가 같은 편에 있는 것을 알 수 있다.

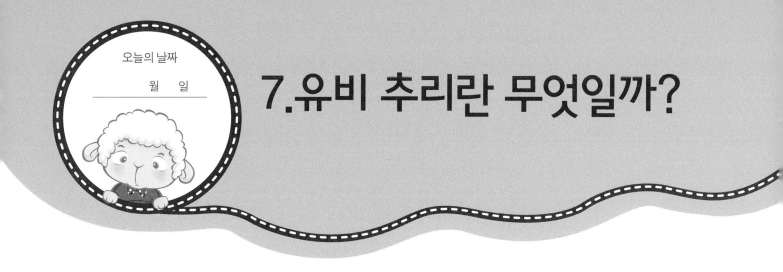

7.유비 추리란 무엇일까?

유비 추리는 두 대상의 일부 특징이 같거나 비슷하면, 다른 특징도 같을 것이라고 생각하는 추리 방법으로 두 대상의 공통점이 많을수록 더욱 정확한 결론을 얻을 수 있다. 여기에서는 유비 추리의 특징에 대해 살펴보자. 특히 '정확하게 읽기'와 '기억하며 풀기'를 통해 유비 추리의 예에는 어떤 것들이 있는지 알아보자.

오늘의
배울거리

사과가 '똑!' 떨어진다

1665년 무렵 영국에는 전염병이 퍼지고 있어서 사람들은 안전한 곳을 찾아 작은 마을로 이사를 했다. 뉴턴*도 전염병을 피해 어머니가 살고 있는 작은 마을에 와서 머물렀다.

어느 날, 집 뜰에 앉아 있던 뉴턴은 사과나무에서 사과가 떨어지는 것을 보고 생각했다.

'왜 사과는 위나 옆으로 떨어지지 않고, 아래로 똑 떨어지는 것일까?'

그는 어떤 힘이 사과를 땅으로 잡아당기고 있기 때문이라고 결론을 내렸고, 여기에서 힌트를 얻은 뉴턴은 '질량*이 있는 모든 사물에는 서로 끌어당기는 힘이 있다.'는 만유인력의 법칙을 발견했다.

이처럼 떨어지는 사과를 보고 만유인력의 법칙을 생각해 내는 것이 바로 유비 추리다. 이 이야기만으로는 유비 추리가 무엇인지 알기 어렵다. 여기에서는 유비 추리의 가장 대표적인 예로 '만유인력의 법칙'이 있다는 정도만 알고 넘어가자.

● ● ● ● **낱말 풀이**

뉴턴 : 영국의 물리학자 · 천문학자 · 수학자(1642~1727). 광학 연구로 반사 망원경을 만들고, 뉴턴 원무늬를 발견하였으며, 빛의 입자설을 주장하였다. 만유인력의 원리를 확립하였으며, 저서에 《자연 철학의 수학적 원리》가 있다

질량 : 물체의 고유한 역학적 기본량. 관성 질량과 중력 질량이 있다. 국제단위는 그램(g)

사과가 나무에서 떨어지는 것은 누구나 볼 수 있는 흔한 일로서 대부분의 사람은 당연한 것으로 생각하고 관심을 가지지 않는다. 하지만 뉴턴은 달랐다. 작은 것도 세심하게* 관찰하고 '왜', '어떻게'라는 질문을 던졌다. 그렇기 때문에 훌륭한 과학자가 될 수 있었다.

우리도 뉴턴처럼 위대한 발견을 할 수 있도록, 모든 사물을 세심하게 관찰하는 습관을 들이자. 그럼 유비 추리가 무엇인지 구체적으로 알아보자.

● ● ● 낱말 풀이
세심하다 : 작은 일에도 꼼꼼하게
주의를 기울여 빈틈이 없다

참새는 '짹짹' : 유비 추리

강아지 - 멍멍, 개구리 - 개굴개굴, 참새 - (   ), 병아리 - 삐악삐악

괄호 안에 들어갈 말은 무엇일까? '짹짹'이라는 답을 찾아낸 사람은 자신도 모르는 사이에 유비 추리를 한 것이다. '짹짹'이란 답을 찾은 사람은 다른 예시가 공통적으로 '동물 이름 - 울음소리'로 짝지어 있다는 것을 발견했을 것이다. 때문에 괄호 안에는 참새 울음소리인 '짹짹'이 들어갈 것이라고 생각했을 것이다. 이처럼 유비 추리는 어떤 분야*의 지식을 빌려 다른 분야의 특수한 지식으로 발전시키는 것을 말한다. 흔히 줄여서 '유추'라고 하기도 한다.

또 다른 예를 들어 보자. 앞부분은 둥글고, 뒤로 갈수록 뾰족해지는 잠수함의 모양을 머릿속에 떠올려 보자. 이것은 돌고래의 생김새를 본뜬 것이다. 돌고래와 잠수함은 전혀 다른 종류이다. 하지만 돌고래가 물속에서 잘 헤엄치듯이 잠수함도 돌고래와 비슷하게 만들면 물속에서 잘 움직일 것이라고 생각한 것이다.

유비 추리는 잠수함과 돌고래처럼 비교하는 대상이 전혀 다른 분야라도 두 대상의 특징 중 같거나 비슷한 점이 있으면 다른 특징도 같거나 비슷할 것이라고 생각하는 추리 방법이다.

나무를 벨 때 사용하는 톱도 유비 추리에 의해 발명되었다. 중국 춘추시대에 유명한 목수, 노반이라는 사람이 살았다. 어느 날 노반은 산에서 나무를 하다 풀잎에 손을 베었는데, 풀잎을 자세히 살펴보니 톱날처럼 생겼다는 사실을 발견했다. 노반은 풀잎 모양의 도구*를 만들면 나무를 쉽게 벨 수 있을 것이라고

● ● ● 낱말 풀이
분야 : 여러 갈래로 나누어진 범위
나 부분
도구 : 어떤 목적을 이루기 위한 수
단이나 방법

생각했고, 결국 톱을 발명해 냈다.

위의 예를 통해 우리는 서로 다른 대상의 공통점을 바탕으로 다른 점도 같을 것이라는 결론을 내리는 것이 유비 추리라는 것을 알았다. 그럼, 전에 배운 연역 추리나 귀납 추리와의 차이점은 무엇일까? 바로 '분야'다. 연역 추리와 귀납 추리는 한 분야에서 결론을 찾아내지만 유비 추리는 서로 다른 분야에서 결론을 찾아낸다.

기억하며 풀기

유비 추리의 예로 든, 돌고래를 본뜬 잠수함과 풀잎 모양을 본뜬 톱의 이야기를 잘 기억하자. 유비 추리에 대한 내용이 기억나지 않을 때, 예를 떠올리면 내용이 쉽게 떠오른다. 그럼, 문제를 풀면서 유비 추리에 대해 확실히 알고 넘어가자.

1. 다음 중 유비 추리의 특징은 무엇일까?

　　① 특수한 지식으로부터 일반적인 결론을 찾아낸다

　　② 일반적인 결론으로부터 특수한 지식을 찾아낸다

　　③ 특수한 지식으로부터 특수한 결론을 찾아낸다

　　④ 일반적인 결론으로부터 일반적인 결론을 찾아낸다

2. 유비 추리는 두 대상의 무엇을 바탕으로 추리하는 방법일까? (모두 선택)

　　① 공통점　　② 유사점　　③ 차이점　　④ 반대점　　⑤ 연결점

3. 다음 중 유비 추리의 예에 해당하는 것은 무엇일까?

① 사람들이 지금까지 본 기러기의 색은 흰색이다. 그러므로 이 세상에는 오직 흰색 기러기만 있을 것이다

② 사람들의 식습관에 대해 분석한 결과, 위암이 발생하는 원인을 찾아냈다

③ 금속이 열을 받으면 팽창*한다는 사실을 통해 자전거 체인이 뜨거운 햇볕을 받으면 축 늘어지는 것을 생각했다

● ● ● ● **낱말 풀이**
팽창 : 부풀어서 부피가 커짐
감지 : 느끼어 앎

④ 냄새를 잘 맡는 개의 코를 분석해 전자 후각 감지*기를 발명했다

4. A는 갑, 을, 병, 정의 특징이 있고 B는 갑, 을, 병의 특징이 있다면 이로부터 B는 어떤 성질이 있다고 추리할 수 있을까?

① 갑   ② 을   ③ 병   ④ 정

정확하게
읽기

일란성 쌍둥이도 다른 점이 있다

이 세상에 완전히 똑같은 사람이나 사물이 있을까? 똑같은 유전자를 갖고 태어난다는 일란성 쌍둥이도 자세히 살펴보면, 점의 위치나 눈의 크기 등 차이점을 찾을 수 있다.

세상에 완전하게 똑같은 사물은 존재하지 않는다. 사람뿐만 아니라 동물이나 식물도 모두 제각기 다르다. 아무리 비슷한 대상에도 반드시 다른 점이 있기 때문에, 공통점으로부터 다른 특징을 찾아내는 유비 추리는 반드시 옳다고 할 수 없다.

유비 추리는 지금까지 배운 추리 방법 중 가장 정확성이 떨어지는 추리 방법이다. 그렇기 때문에 유비 추리를 할 때는 신중해야 하며, 공통점을 찾는 것뿐만 아니라, 차이점도 주의 깊게 살펴봐야 한다. 즉, 비교하는 대상이 비슷한 특징을 가지고 있더라도 완전히 같을 수 없다는 사실을 기억해야 한다.

만약 두 대상이 매우 비슷하다는 확신이 있을 때 유비 추리를 한다면 큰 문제는 없다.

비교하는 대상 사이에 몇 가지 공통점만 가지고 유비 추리를 한다면 결론에 대해 믿음을 가지기 어렵다. 때문에 공통점을 찾는 것뿐 아니라 차이점도 주의 깊게 살펴봐야 한다. 이 점에 주의하며, 문제를 풀어 보자.

1. 다음 중 가장 불확실한 추리 방법은 무엇일까?

　　① 연역 추리　　　　② 귀납 추리　　　　③ 유비 추리

2. 유비 추리에 대한 설명으로 옳은 것은?

　　① 두 대상의 공통점이 많을수록 결론은 정확하다

　　② 두 대상의 공통점이 많을수록 결론은 정확하지 않다

　　③ 두 대상의 공통점이 적을수록 결론은 정확하다

　　④ 두 대상의 공통점의 수는 결론과 전혀 상관없다

3. 구두를 파는 두 가게가 있다. 크기, 서비스, 상품 가격 등이 매우 비슷하다면 두 가게의 이익은 어떨까?

　　① 비슷하지 않다　　　　　　② 매우 비슷하다

　　③ 완전히 다르다　　　　　　④ 답이 없다

위대한 과학 발명의 시작은?

뉴턴의 일화를 다시 생각해 보자. 뉴턴은 사과가 떨어지는 것을 보고 만유인력의 법칙을 발견했다. 그 과정을 따라가 보자.

뉴턴은 떨어지는 사과를 보고 '왜 떨어졌을까?' 생각했다.

사과를 땅으로 잡아당기는 힘이 있을 것이다.

사과뿐 아니라 질량이 있는 모든 사물은 서로 잡아당기는 힘이 있을 것이다.

언뜻 보면 사과가 떨어지는 특수한 사실로부터 누구나 알고 있는 만유인력의 법칙을 찾아냈기 때문에 귀납 추리가 아닌가 하는 생각을 할 수 있다.

하지만 곰곰이 생각해 보자. 뉴턴의 추리가 귀납 추리가 아닌 이유는 크게 두 가지다.

첫째, 사과가 떨어지는 것과 만유인력의 법칙은 서로 분야가 다르다. 다시 말해 자연 현상을 통해 과학적인 발견을 한 것이다.

둘째, 만유인력의 법칙이 지금은 누구나 다 알고 있는 일반적인 사실이지만 뉴턴이 발견하는 순간에는 아무도 알지 못하는 특수한 사실이었다. 즉, 뉴턴은 특수한 사실을 바탕으로 특수한 사실을 추리해 낸 것이다.

여기에서 이야기하고자 하는 것은 뉴턴의 추리가 유비 추리인지 혹은 귀납 추리인지 하는 점이 아니다. 만유인력의 법칙이나 돌고래를 본떠 만든 잠수함 등 위대한 과학 발명의 대부분이 유비 추리를 통해 이루어진다는 것이다.

연역 추리나 귀납 추리에 비해 유비 추리는 사용되는 범위가 훨씬 넓다. 그 이유는 연역 추리나 귀납 추리는 같은 분야에서만 사용되지만, 유비 추리는 분야나 대상에 상관없이 이용할 수 있기 때문이다. 그러므로 유비 추리는 생각의 폭을 넓혀 주고, 한 가지 일로부터 많은 것을 생각하게 한다.

비록 유비 추리의 결론은 다른 추리 방법에 비해 정확성이 떨어지지만, 새로운 지식을 얻고 세상을 변화시키는 데 매우 중요한 역할을 한다.

기억하며 풀기

유비 추리를 통해 얻은 결론은 연역 추리나 귀납 추리에 비해 정확하지 않다. 하지만 유비 추리는 다양한 분야에서 사용되고, 생각의 폭을 넓혀 준다는 점에서 매우 중요한 추리 방법이다.
유비 추리에 대해 더 알고 싶다면, 유비 추리를 통해 발견한 과학적 지식이나 새로운 사실에 무엇이 있는지 찾아보자. 좋은 공부가 될 것이다.

1. 유비 추리가 다른 추리에 비해 범위가 넓은 이유는 무엇인가?

　① 유비 추리를 가장 많이 사용하기 때문에

　② 추리 범위가 전제를 벗어날 수 없기 때문에

　③ 추리 범위의 제한*을 받지 않기 때문에

　④ 유비 추리의 사용 방법이 쉽기 때문에

● ● ● ● **낱말 풀이**

제한 : 일정한 한도를 정하거나 그 한도를 넘지 못하게 막음. 또는 그렇게 정한 한계

2. 과학 기술 및 문명에 가장 큰 영향을 준 추리 방법은?

    ① 연역 추리   ② 귀납 추리   ③ 유비 추리

실천해 보기

어떤 추리 방법을 사용했을까?

앞에서 우리는 연역 추리, 귀납 추리, 유비 추리에 대해 배웠다. 이번 시간은 지금까지 배운 추리 방법을 정확하게 이해하고 있는지 알아보는 시간이다.

문제를 빨리 푸는 것은 중요하지 않다. 한 문제 한 문제 꼼꼼하게 풀어 보고 어떤 추리 문제를 가장 많이 틀렸는지 확인해 보자. 자주 틀린 추리 방법에 대해서는 앞으로 돌아가 다시 읽어 보자.

1. 다음은 어떤 추리 방법을 사용한 걸까?

> 지구와 화성의 여러 가지 공통점으로부터 우리는 다음과 같은 결론을 얻을 수 있다
>
> '화성에는 생명체가 살 수도 있다.'

    ① 연역 추리   ② 귀납 추리   ③ 유비 추리

2. 다음은 어떤 추리 방법을 사용한 걸까?

> 모든 식물은 물이 필요하다
>
> 선인장은 식물이다
>
> 그러므로 선인장은 물이 필요하다

    ① 연역 추리   ② 귀납 추리   ③ 유비 추리

3. 다음은 어떤 추리 방법을 사용한 걸까?

> 모든 육식 동물은 날카로운 발톱과 이빨을 가지고 있다
>
> 사자는 육식 동물이다
>
> 그러므로 사자는 날카로운 발톱과 이빨을 가지고 있다

    ① 연역 추리   ② 귀납 추리   ③ 유비 추리

4. 다음은 어떤 추리 방법을 사용한 걸까?

> 내가 아는 남자는 농구를 좋아한다
>
> 형호도 농구를 좋아하고 상혁이, 찬수도 농구를 좋아한다
>
> 그러므로 남자들은 모두 농구를 좋아할 것이다

① 연역 추리　　　② 귀납 추리　　　③ 유비 추리

5. 다음은 어떤 추리 방법을 사용한 걸까?

> 희선, 선미, 승원 세 사람이 다이어트 약을 먹고 한 주 만에 살이
>
> 4.5kg이 빠졌다
>
> 그러므로 이 다이어트 약을 먹으면 한 주 만에 4.5kg이 빠질 것이다

① 연역 추리　　　② 귀납 추리　　　③ 유비 추리

6. 다음은 어떤 추리 방법을 사용한 걸까?

● ● ● ● **낱말 풀이**

공중도덕 : 공중의 복리를 위하여
여러 사람이 지켜야 할 도덕

> 공중도덕*을 아는 사람은 아무 곳에나 침을 뱉지 않는다
>
> 그는 길에 침을 뱉었다
>
> 그러므로 그는 공중도덕을 모르는 사람이다

① 연역 추리　　　② 귀납 추리　　　③ 유비 추리

7. 다음은 어떤 추리 방법을 사용한 걸까?

> 희선이와 찬수는 쌍둥이다
>
> 희선이가 유명한 배우가 되었으니 찬수도 유명한 배우가 될 수 있다

① 연역 추리　　　② 귀납 추리　　　③ 유비 추리

8. 다음은 어떤 추리 방법을 사용한 걸까?

젊은이들은 노래 부르는 것을 좋아한다

그는 젊은이다

그러므로 그는 노래 부르는 것을 좋아할 것이다

① 연역 추리　　② 귀납 추리　　③ 유비 추리

9. 다음은 어떤 추리 방법을 사용한 걸까?

예쁘게 생긴 사람은 모두 착하다

엄마는 예쁘다

그러므로 엄마는 착한 사람이다

① 연역 추리　　② 귀납 추리　　③ 유비 추리

● ● ● 낱말 풀이
음파 : 공기나 그 밖의 매개물이 발음체의 진동을 받아서 생기는 파동
탐지 : 드러나지 않은 사실이나 물건 등을 더듬어 찾아 알아냄

10. 다음은 어떤 추리 방법을 사용한 걸까?

박쥐는 음파*를 발사해서 깜깜한 밤에도 정확하게 장애물을 피해 날아다닌다

사람들은 박쥐가 밤에 날아다니는 것을 보고 음파 탐지*기를 발명했다

① 연역 추리　　② 귀납 추리　　③ 유비 추리

11. 다음은 어떤 추리 방법을 사용한 걸까?

새는 하늘을 날아다닌다

사람들은 새를 보고 비행기를 발명했다

① 연역 추리　　② 귀납 추리　　③ 유비 추리

12. 다음은 어떤 추리 방법을 사용한 걸까?

> 열심히 공부하지 않으면 좋은 성적을 낼 수 없다
>
> 철수는 열심히 공부하지 않는다
>
> 그러므로 철수는 좋은 성적을 낼 수 없다

① 연역 추리　　　　② 귀납 추리　　　　③ 유비 추리

13. 다음은 어떤 추리 방법을 사용한 걸까?

> 같은 마을에 사는 희선, 선미, 찬수네 집에 도둑이 들었다
>
> 도둑이 남긴 흔적이나 파손* 정도가 세 집 모두 똑같다
>
> 그러므로 범인은 동일 인물일 가능성이 높다

① 연역 추리　　　　② 귀납 추리　　　　③ 유비 추리

● ● ● **낱말 풀이**

파손 : 깨어져 못 쓰게 됨. 또는 깨뜨려 못 쓰게 함

14. 다음은 어떤 추리 방법을 사용한 걸까?

> 사람들이 다리 위를 지나다녀도 무너지지 않는다
>
> 그러므로 내가 다리 위를 걸어도 무너지지 않을 것이다

① 연역 추리　　　　② 귀납 추리　　　　③ 유비 추리

머릿속에
넣기

❶ 유비 추리는 두 대상의 일부 특징이 같거나 비슷하면, 다른 특징도 같을 것이라고 생각하는 추리 방법이다.

❷ 유비 추리는 가장 정확성이 떨어지는 추리 방법이다.

❸ 두 대상의 공통점이 많을수록 더욱 정확한 결론을 얻을 수 있다.

❹ 두 대상의 차이점이 많을수록 결론은 정확하지 않다.

❺ 유비 추리는 추리할 수 있는 분야가 많으므로 사람들의 생각을 넓혀 준다.

논리 퀴즈

이제 여러분이 명탐정이 되어 보는 시간이다. 여러분에게 주어진 정보는 많지 않지만 꼼꼼히 살펴보면 질문에 대한 답을 찾을 수 있다. 머릿속으로 생각하면 쉽게 풀리지 않는다. 책의 빈 공간이나 연습장에 적어 가며 풀어 보자.

미궁 속에 빠진 사건을 해결할 준비가 끝났다면 이제 시작하자. 준비된 문제는 오직 5개뿐이다. 빨리 해결하는 것도 중요하지만 정확하게 해결하는 것이 더 중요하다. 여러분이 탐정이고 문제가 범인을 찾는 것이라고 했을 때, 여러분이 범인을 잘못 찾는다면 억울하게 누명을 쓰는 사람이 생기게 된다. 절대 서두를 필요는 없다. 차분히 생각하면서 옳은 답을 구해 보자.

첫 번째 문제 1

찬수네 가족이 각자 맡은 역할은 무엇일까?

즐거운 일요일 아침이다. 찬수네 가족은 집안일을 분담하여 어머니의 일손을 거들기로 했다. 오늘 할 일은 빨래, 요리, 집안 청소, 그리고 세차다. 각자 한 가지씩 맡기로 하고 누가 어떤 일을 할지 이야기했다. 아버지가 말씀하셨다.

"난 세차와 집안 청소는 빼 줘."

이번에는 어머니가 말씀하셨다.

"그럼 난 요리와 세차를 뺀 나머지 중에 한 가지를 하지."

그러자 동생이 말했다.

"만약 아버지가 요리를 하시면 제가 세차를 할게요."

찬수는 다음과 같이 말했다.

"전 세차랑 집안 청소는 하기 싫어요."

가족들의 이야기를 참고하여 하기 싫은 일을 빼고 한 가지씩 맡을 수 있도록 일을 나눠 보자.

아버지는 세차와 집안 청소를 싫어한다

어머니는 요리와 세차를 싫어한다

아버지가 요리를 하면 동생은 세차를 한다

찬수는 세차와 집안 청소를 싫어한다

	요리	집안 청소	빨래	세차
아버지				
어머니				
찬수				
동생				

Tip | 주어진 사실을 참고하여 위의 표에 표시해 보자. 우선 싫어하는 것에 X표를 해 보면 각자 맡을 일을 찾을 수 있다.

거짓말을 하고 있는 사람은 몇 명일까?

경찰관이 된 상혁이에게 첫 번째 임무가 주어졌다.

선미의 교통사고를 목격한 다섯 명 중 일부가 돈을 받고 거짓말을 하고 있다. 상혁이의 임무는 이들 중 거짓말을 하고 있는 사람이 몇 명인지 찾는 것이다.

교통사고를 목격한 사람들의 대답은 아래와 같다. 다섯 명 중 거짓말을 하고 있는 사람은 모두 몇 명일까?

> A : 나는 선미가 신호등이 파란불일 때 길을 건너는 것을 봤어요
> B : A는 거짓말을 하고 있어요
> C : 나는 선미가 횡단보도로 건너는 것을 봤어요
> D : C는 거짓말을 하고 있어요
> E : C 그리고 D 두 사람은 거짓말을 하고 있어요

Tip | E의 말이 진짜인지 거짓인지부터 가려낸 후 A, B, C, D는 둘씩 짝을 지어 생각해 보자.

상혁, 찬수, 형호, 영일이네 반의 농구 성적은?

오늘은 상혁이네 학교 운동회 날이다. 운동회 첫 경기로 농구를 했다. 각 반은 세 경기씩 치르게 되고 가장 많이 이긴 팀이 우승을 하게 된다. 비긴 적이 한 번도 없을 때, 다음 내용을 바탕으로 각 반의 농구 성적과 우승한 팀을 찾아보자.

> 찬수네 반은 한 경기에서 졌다
> 상혁이네 반은 찬수네 반보다 한 경기 적게 이겼다
> 찬수네 반은 영일이네 반보다 한 경기 적게 이겼다

Tip | 각 반이 세 경기씩 치른다는 점에 주목하여 상혁, 찬수, 형호, 영일이네 반 통틀어 총 몇 경기가 진행되는지 생각해 보자.

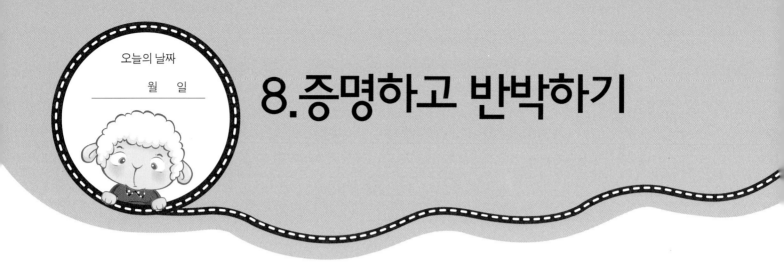

8.증명하고 반박하기

앞에서 우리는 논리의 기본 원리 및 추리 방법에 대해 살펴보았다. 여기에서는 증명하고, 반박하는 방법에 대해 살펴보자. 증명은 새로운 사실이나 주장이 옳다는 것을 설명하는 것이고, 반박은 새로운 사실이나 주장이 잘못됐다는 것을 설명하는 것이다. 그렇다면 증명과 반박이 무엇인지와 그 방법에 대해 알아보자.

오늘의
배울거리

지구는 평평하다?

'지구가 둥글다.'는 것은 아마 여러분도 잘 알고 있는 사실일 것이다. 그런데 만약 누군가 '지구는 평평하다.'고 주장한다면 어떨까?

과거 우리 조상들은 지구가 평평하다고 생각했고, 지구의 끝은 낭떠러지라고 굳게 믿었다고 한다. 그래서 피타고라스, 아리스토텔레스가 '지구는 둥글다.'고 처음 주장했을 때 사람들은 아무도 그 말을 믿지 않았고, 오히려 비웃었다. 하지만 '남쪽이나 북쪽에서 하늘을 봤을 때 하늘의 별자리가 다르다.', '어느 한 방향으로 계속 이동하면 다시 출발 지점으로 되돌아온다.', '먼 바다에서 항구로 들어오는 배는 돛대부터 보인다.'와 같은 과학적인 이유를 바탕으로 주장하자 사람들은 지구가 둥글다는 사실을 믿게 되었다. 지금은 지구가 둥글다는 사실을 모두 잘 알고 있다.

자신의 주장을 다른 사람이 믿게 하려면 논리적인 이유(증거)가 있어야 한다. 논리적인 이유는 의미, 논리적인 규칙, 추리 등의 지식을 종합적으로 이용하여 찾을 수 있는데 논리적인 이유를 들어 자신의 주장을 다른 사람이 받아들이게 하는 것을 '논증'이라고 한다. 논증에는 '증명'과 '반박*' 두 가지가 있다.

● ● ● ● **낱말 풀이**
반박 : 어떤 의견, 주장, 논설 등에 반대하여 말함

증명해 봐!

자신의 주장이 '옳다.'고 논리적인 이유를 들어 밝히는 것을 증명이라고 한다. 논리적인 이유는 사람들을 설득하여 자신의 주장이 '참'이라는 것을 믿고 행동하게끔 돕는다.

증명을 할 때 주의해야 할 점은 누구나 인정하는 객관적인 사실을 논리적인 이유로 들어야 한다는 것이다. 모든 사람이 당연하다는 생각을 가질 수 있는 이유여야만 사람들은 새로운 지식이나 주장을 믿을 수 있다. 만약 증거가 객관적이지 않고 의심*스러운 것이라면 사람들은 새로운 지식이나 주장을 믿지 않을 것이다.

증명은 크게 '사실 증명'과 '논리 증명'으로 나눌 수 있다.

사실 증명이란 주로 역사적 사실이나, 사람들에게 널리 알려진 지식과 정보, 실험 결과를 논리적인 이유로 이용하는 것이다. 그런데 사실 증명만으로는 사람들을 설득하기 어렵다. 그렇기 때문에 사실 증명 이외의 방법이 필요한데 그것이 바로 논리 증명이다.

논리 증명은 이미 증명되었거나 널리 알려진 정보를 바탕으로 연역 추리, 귀납 추리, 유비 추리를 이용하여 자신의 주장을 증명하는 것이다. 즉, 추리를 통해 자신의 주장이 옳다는 것을 밝히는 것인데, 이를 '추론'이라고 한다.

추론할 때 주의할 점은 그동안 추리 방법에 대해 배울 때 강조한 것처럼 '명확한 사실'을 바탕으로 해야 한다는 것이다.

● ● ● ● **낱말 풀이**

의심 : 확실히 알 수 없어서 믿지 못하는 마음

자신의 주장이 옳다는 것을 믿게 하려면 논리적인 이유가 필요하다. 이런 논리적인 이유를 들어 자신의 주장이 옳다고 밝히는 것을 '논증'이라고 한다. 논증의 방법에는 '증명'과 '반박' 두 가지가 있고, 증명에는 '사실 증명'과 '논리 증명'이 있다. 앞의 내용을 머릿속에 찬찬히 떠올리며 문제를 풀어 보자.

1. 논증이란 무엇일까?

① 의심 가는 사물에 대해 이유를 들어 설명하는 것

② 찬성하는 사물에 대해 이유를 들어 설명하는 것

③ 부정하는 사물에 대해 이유를 들어 설명하는 것

④ 확신하는 사물에 대해 이유를 들어 설명하는 것

2. 논증의 종류에는 무엇이 있을까? (모두 선택)

① 증명   ② 추리   ③ 개념   ④ 정의*   ⑤ 규칙   ⑥ 반박

3. 증명이란 무엇일까?

① 자신의 의견을 통해 어떤 판단이 옳다고 설명하는 것

② 자신의 추측이나 짐작을 통해 어떤 판단이 옳다고 설명하는 것

③ 객관적인 사실이나 논리적인 이유를 들어 어떤 판단이 옳다고 설명하는 것

④ 친구에게 받은 자료를 통해 어떤 판단이 옳다고 설명하는 것

4. 논리 증명이란 무엇일까? (모두 선택)

① 인과를 이용하여 주장이 틀리다고 설명하는 방법

② 연역을 이용하여 주장이 옳다고 설명하는 방법

③ 추리를 이용하여 주장이 옳다고 설명하는 방법

④ 오류*를 이용하여 주장이 틀리다고 설명하는 방법

5. 논리 증명을 할 때 주의해야 할 점은 무엇일까?

① 사실을 바탕으로 추리한다   ② 직관*을 바탕으로 추리한다

③ 경험을 바탕으로 추리한다   ④ 지식을 바탕으로 추리한다.

모든 쌍둥이는 같을까? : 논리 증명 방법

증명은 추리를 이용해 사람들을 설득시키는 방법으로 연역법, 귀납법, 유비법, 귀류법, 배제법 등 모두 다섯 가지 방법이 있다. 이 중 연역법, 귀납법, 유비법은 앞에서 배운 연역 추리, 귀납 추리, 유비 추리를 이용하여 증명하는 방법이기 때문에 앞의 내용을 열심히 공부한 사람이라면, 쉽게 이해할 수 있다.

그럼 연역법, 귀납법, 유비법에 대해 간단히 복습하고 귀류법, 배제법에 대해 자세히 알아보자.

연역법은 연역 추리를 이용하여 증명하는 것인데, 일반적인 사실로부터 얻어 낸 특수한 사실을 주장의 논리적인 이유로 사용한다. 대표적인 방법으로 '삼단 논법'이 있다.

귀납법은 귀납 추리를 이용하여 증명하는 것으로 개별적인 사실로부터 얻어 낸 일반적인 사실을 주장의 논리적인 이유로 사용한다. 대표적인 방법으로 '일치법'과 '차이법'이 있다.

유비법은 유비 추리를 이용하여 증명하는 것이다. 특수한 사실로부터 다른 분야의 특수한 사실을 얻어 내 주장의 논리적인 이유로 사용한다. 대표적인 예로 뉴턴의 만유인력의 법칙, 잠수함 발명 등이 있다.

아직 연역법, 귀납법, 유비법에 대해 잘 모르겠다면, 앞으로 돌아가 이해가 갈 때까지 공부하자. 모르는 상태에서 다음 단계로 넘어가면 모르는 것만 더 늘어나는 셈이다. 처음 공부할 때 확실히 알고 넘어가는 습관을 기르는 게 중요하다.

연역법, 귀납법, 유비법을 확실히 알았다면 이제 귀류법, 배제법에 대해 알아보자.

귀류법은 자신이 주장하는 내용의 반대되는 내용이 '옳지 않다.'는 것을 증명하여 자신의 주장이 옳다는 것을 증명하는 것이다. 반증법이라고도 한다.

예를 들어 보자. 희선이는 선미와 함께 과학 숙제를 하고 있다. '모든 쌍둥이는 같을까?'라는 문제를 풀어야 하는데, 선미와 의견이 달라서 고민이다.

희선이는 '다른 점을 가진 쌍둥이도 있다.'고 생각하지만, 선미는 다음과 같이 주장한다.

"쌍둥이니까, 당연히 같지. 다르면 그게 어떻게 쌍둥이라고 할 수 있겠어?"

희선이는 어떻게 선미를 설득시켜야 할까?

'모든 쌍둥이는 같다.'라는 선미의 주장이 '옳지 않다.'는 것을 설명하면 된다. 댄스 가수 '량현량하'는 쌍둥이지만 생김새가 조금 다르다. 이 예 하나만으로도 선미의 주장이 틀렸다는 사실을 설명할 수 있다.

이처럼 상대방의 의견이 틀렸다는 것을 증명함으로써, 자신의 주장이 옳다는 것을 밝혀내는 것이 귀류법인 것이다.

많은 예를 찾아서 증명해야 하는 귀납법과는 달리, 귀류법은 한 가지 예만으로도 증명이 가능하기 때문에 가장 빠르게 증명할 수 있다. 귀류법은 다른 증명 방법보다 가장 빨리 증명할 수 있다는 장점이 있기 때문에 잘 알아 두면 좋다.

마지막으로 배제법에 대해 알아보자. '배제'란 '제외한다.'는 뜻이다. 즉, 배제법은 가능성을 하나씩 제외해 가며 증명하는 방법이다. 이번에도 예를 통해 이해해 보자.

오늘은 수학 시험 성적이 나오는 날이다. 사실 찬수는 성적이 얼른 나오기만을 기다리고 있었다. 수학 공부를 열심히 해서 성적에 자신이 있었기 때문이다.

학교에 가니 선생님께서 90점이 넘었다며 칭찬해 주셨다. 90점을 넘긴 학생은 찬수를 포함하여 희선, 선미, 승원, 혜련이가 있다.

나누어 주는 성적표를 받아 보니 찬수는 95점으로 2등이었다. 찬수는 문득 1등이 누구인지 궁금해졌다.

찬수는 제일 먼저 희선이에게 수학 점수를 물어보았다. 희선이의 수학 점수는 90점으로 찬수의 점수보다 낮았다. 찬수는 희선이가 1등이 아닌 것을 알 수 있었다.

다음은 선미 차례이다. 선미의 수학 점수는 93점으로 역시 1등이 아니었다.

승원이에게 물으니 선미와 마찬가지로 93점이었다. 이제 굳이 점수를 묻지 않아도 남은 건 혜련이밖에 없기 때문에 1등은 혜련이라는 사실을 찬수는 알 수 있었다.

이처럼 1등일 수 있는 사람 네 명을 1명씩 제외해 가며 증명하는 것이 배제법인 것이다. 배제법을 사용할 때는 모든 가능성을 생각해 봐야 한다. 가능성을 다양하게 생각해 볼수록 정확한 증명을 할 수 있기 때문이다.

기억하며 풀기

논리 증명의 방법으로 연역법, 귀납법, 유비법, 귀류법, 배제법에 대해 알아보았다. 이 다섯 가지는 일상생활에서 자신의 주장을 뒷받침해 주는 증명 방법으로 쓸 수 있으므로 잘 알아 두자.
그럼 각각의 내용이 무엇인지 다시 한 번 머릿속에 떠올려 보면서 문제를 풀어 보자. 다음 문제는 어떤 증명 방법을 사용한 것일까?

1. 다음은 어떤 증명 방법을 사용한 것일까?

> 혜련이는 찬수가 농구 선수일 것이라고 생각하지만 승원이의 생각은 다르다. 드리블은 농구의 기본이기 때문에 모든 농구 선수는 드리블을 할 수 있다. 그런데 찬수는 드리블을 못한다. 그렇기 때문에 찬수는 농구 선수가 아닐 것이다

① 연역법　　② 귀납법　　③ 유비법　　④ 귀류법　　⑤ 배제법

2. 다음은 어떤 증명 방법을 사용한 것일까?

> 희선이네 집에 도둑이 들었다. 창문이나 문에는 도둑이 들어온 흔적이 없다. 그러므로 도둑은 미리 방 안에 숨어 있었던 게 분명하다

① 연역법　　② 귀납법　　③ 유비법　　④ 귀류법　　⑤ 배제법

3. 다음은 어떤 증명 방법을 사용한 것일까?

> 형호와 영일이의 부모님은 교사이고, 가정 환경도 비슷하다. 형호가 열심히 공부해서 전교 10등 안에 들었으니, 영일이도 열심히 공부하면 전교 10등 안에 들 수 있을 것이다

① 연역법　　② 귀납법　　③ 유비법　　④ 귀류법　　⑤ 배제법

4. 다음은 어떤 증명 방법을 사용한 것일까?

> 승원이는 '최고의 교육을 받은 사람만이 위대한 발명가가 될 수 있다.'고 주장하는 선미의 의견에 반대한다. 에디슨은 학교에서 문제아로 여겨져 교육을 제대로 받지 못했지만 위대한 발명가가 될 수 있었다. 에디슨의 예를 봐도 알 수 있듯이 최고의 교육을 받지 않아도 위대한 발명가가 될 수 있다

① 연역법　　② 귀납법　　③ 유비법　　④ 귀류법　　⑤ 배제법

5. 다음은 어떤 증명 방법을 사용한 것일까?

> 전등에 불이 들어오지 않는다. 전등이 깨졌거나 전선이 끊어졌거나 정전일 것이다. 검사 결과 전선이나 전등은 정상이었다. 그러므로 정전일 것이다

① 연역법　　② 귀납법　　③ 유비법　　④ 귀류법　　⑤ 배제법

6. 다음은 어떤 증명 방법을 사용한 것일까?

> 과거 물에 잠겨 있던 땅에서는 산호, 물고기 등의 화석이 발견된다. 히말라야 산맥에서 산호, 물고기 등의 화석을 발견했다. 이로부터 히말라야 산맥이 바다에 잠긴 적이 있다는 것을 알 수 있다

① 연역법　　② 귀납법　　③ 유비법　　④ 귀류법　　⑤ 배제법

7. 다음은 어떤 증명 방법을 사용한 것일까?

> 찬수와 상혁이는 쌍둥이다. 찬수는 열심히 공부하고 상혁이는 놀기 좋아한다는 것만 빼면 가정 환경 등 모든 조건이 같다. 둘의 성적을 비교해 보니 찬수는 일등, 상혁이는 꼴등이었다. 결국 성적이 좋으려면 노력을 해야 한다는 것을 알 수 있다

① 연역법　　② 귀납법　　③ 유비법　　④ 귀류법　　⑤ 배제법

8. 다음은 어떤 증명 방법을 사용한 것일까?

> 우리는 배를 타고 강을 건널 수밖에 없다. 시간이 부족하기 때문에 지금 당장 건너야 하고, 재료가 없어서 다리를 만들 수도 없다. 또한 물살도 거세어 헤엄쳐 건너는 것은 너무 위험하다. 그렇기 때문에 우리가 강을 건널 수 있는 방법은 배를 타는 것뿐이다

① 연역법 ② 귀납법 ③ 유비법 ④ 귀류법 ⑤ 배제법

9. 다음은 어떤 증명 방법을 사용한 것일까?

> 계단 밑에 사람이 죽어 있다는 제보를 받고 경찰이 출동했다. 주위 사람들에게 물어보니, 사망자는 늘 '행복하다.'는 말을 할 정도로 낙천적*인 성격이었다고 한다. 풍족한 생활을 했고, 행복한 가정도 있었다. 다른 사람에게 원한을 살 만한 행동을 한 적도 없다. 계단 주위에는 유서도 없고, 자살의 흔적도 찾아볼 수 없다. 그러므로 계단을 내려오다 발을 헛디뎌 굴러 떨어졌을 가능성이 제일 크다

① 연역법 ② 귀납법 ③ 유비법 ④ 귀류법 ⑤ 배제법

10. 다음은 어떤 증명 방법을 사용한 것일까?

> 1,000개의 사례를 조사해 본 결과, 적당한 음주*가 심장병 발병*을 줄인다는 것을 알 수 있었다

① 연역법 ② 귀납법 ③ 유비법 ④ 귀류법 ⑤ 배제법

11. 다음은 어떤 증명 방법을 사용한 것일까?

> 이 감기약을 복용*한 1,000명의 환자 중 800명이 완쾌*되었다. 그러므로 이 감기약은 80%의 효과가 있다

① 연역법 ② 귀납법 ③ 유비법 ④ 귀류법 ⑤ 배제법

네 말은 틀렸어! : 반박

우리는 앞에서 논증에는 증명과 반박이 있다는 사실을 배웠고, 증명에 대해 살펴보았다. 이제 반박에 대해 알아보자.

'반박'은 증명의 반대라고 생각하면 된다. 어떤 주장이 '옳다.'고 밝혀내는 것이 증명이라면, 반박은 어떤 주장이 '틀리다.'는 것을 밝혀내는 것이다.

이때 주의할 점은 주장을 뒷받침하는 예가 반드시 사실이어야 한다는 것이다. 만약 예가 사실이 아니라면, 상대방을 설득하기 어렵다. 또한 반박하는 이유가 이야기의 주제를 벗어나서는 안 된다. 이는 반박할 때뿐 아니라 증명할 때도 마찬가지로 주의해야 할 점이니 잘 기억해 두자.

반박의 대표적인 방법으로는 배제법을 제외한 연역법, 귀납법, 유비법, 귀류법이 있다. 내용은 앞에서 배운 증명 방법과 같다.

이것 하나만큼은 꼭 알고 넘어가자. 어떤 주장이 '옳다.'고 밝혀내는 것이 증명이라면, 반박은 어떤 주장이 '틀리다.'는 것을 밝혀내는 것이다.

증명과 반박을 할 때 사용하는 방법은 크게 다르지 않다. 그렇기 때문에 헷갈리지 않도록 주의해야 한다. 그럼 문제를 풀어 보자.

1. 다음 중 반박에 사용하지 않는 방법은 무엇일까?

　　① 연역법　　② 귀납법　　③ 유비법　　④ 귀류법　　⑤ 배제법

2. 찬수가 사용한 반박 방법은 무엇인가?

> 찬수 : 유행하는 음악은 꼭 고상해야만 할까?
>
> 혜련 : 고상하지 않은 것이 어떻게 유행할 수 있겠어?
>
> 찬수 : 그럼 유행성 감기도 고상한 건가?

　　① 유비법　　② 귀납법　　③ 연역법　　④ 배제법

3. 학생이 사용한 반박 방법은 무엇인가?

> 교수 : 세상의 모든 의견은 잘못됐다
>
> 학생 : 교수님이 말씀하신 것도 하나의 의견이지요? 그럼 교수님의
>
> 말씀도 잘못된 것이네요?

① 연역법　　② 귀류법　　③ 유비법　　④ 귀납법

머릿속에 넣기

① 증명이란 새로운 사실이나 주장이 옳다는 것을 설명하는 것이다.

② 반박이란 새로운 사실이나 주장이 잘못됐다는 것을 설명하는 것이다.

③ 증명이나 반박을 할 때는 반드시 사실을 근거로 해야 한다.

④ 증명의 방법 : 1. 연역법 2. 귀납법 3. 유비법 4. 귀류법 5. 배제법

⑤ 반박의 방법 : 1. 연역법 2. 귀납법 3. 유비법 4. 귀류법

논리 퀴즈

이제 여러분이 명탐정이 되어 보는 시간이다. 여러분에게 주어진 정보는 많지 않지만 꼼꼼히 살펴보면 질문에 대한 답을 찾을 수 있다. 머릿속으로 생각하면 쉽게 풀리지 않는다. 책의 빈 공간이나 연습장에 적어 가며 풀어 보자.

미궁 속에 빠진 사건을 해결할 준비가 끝났다면 이제 시작하자. 준비된 문제는 오직 5개뿐이다. 빨리 해결하는 것도 중요하지만 정확하게 해결하는 것이 더 중요하다. 여러분이 탐정이고 문제가 범인을 찾는 것이라고 했을 때, 여러분이 범인을 잘못 찾는다면 억울하게 누명을 쓰는 사람이 생기게 된다. 절대 서두를 필요는 없다. 차분히 생각하면서 옳은 답을 구해 보자.

첫 번째 문제

상자 안에 있는 구슬은 무슨 색일까?

형호, 영일, 찬수, 상혁, 기표, 동광은 구슬을 이용해 할 수 있는 놀이를 찾고 있었다. 구슬치기도 하고, 홀짝게임도 했지만 별로 재미가 없었다. 마침 좋은 생각이 났는지 형호는 친구들에게 가지고 있는 구슬을 하나씩 꺼내라고 했다. 아이들은 저마다 구슬을 하나씩 꺼내 놓았다.

영일이는 노란색, 찬수는 빨간색, 상혁이는 초록색, 기표는 주황색, 동광이는 검은색 구슬을 꺼냈다. 이로써 모두 다섯 가지 색깔의 구슬이 모였다.

형호는 상자 다섯 개를 준비하더니 각 상자에 구슬을 한 개씩 넣고는 말했다.

"자! 상자 안에 어떤 색 구슬이 들었는지 맞혀 보자. 한 사람당 두 개씩 말할 수 있어."

아이들은 잠시 고민하더니 저마다 두 개의 상자를 골라 어떤 색이 들어 있는지 이야기했다.

> 영일 : 두 번째 상자 안은 검은색, 세 번째 상자 안은 노란색
>
> 찬수 : 두 번째 상자 안은 주황색, 네 번째 상자 안은 빨간색
>
> 상혁 : 첫 번째 상자 안은 빨간색, 다섯 번째 상자 안은 초록색
>
> 기표 : 세 번째 상자 안은 주황색, 네 번째 상자 안은 초록색
>
> 동광 : 두 번째 상자 안은 노란색, 다섯 번째 상자 안은 검은색

약속이라도 한 것처럼 아이들은 둘 중에 한 가지씩만 맞혔다. 아이들이 말한 내용을 참고하여 상자에 들어 있는 구슬의 색을 맞혀 보자.

Tip | 아이들이 한 가지씩만 맞혔다는 것에 주목하자. 다섯 개의 상자를 그려 보고 아이들이 말한 색깔을 상자에 표시해 보자. 한 가지 색만 표시된 상자가 있다면 표시된 색이 바로 상자 안에 들어 있는 구슬의 색이다.

아이들이 들고 있는 카드는 무엇일까?

상혁, 형호, 찬수는 영일이네 집에 모였다. 아이들은 카드 게임을 하기 위해 1부터 9까지 적힌 카드를 2장씩 나눠 가졌다.

2장의 카드를 나눠 가진 아이들은 자기가 가진 카드에 대한 힌트를 주고 다른 사람이 갖고 있는 카드가 무엇인지 알아맞히는 게임을 하기로 했다.

> 상혁 : 내가 가진 카드의 큰 수를 작은 수로 나누면 3이 돼
>
> 형호 : 내가 가진 카드의 두 수를 곱하면 24야
>
> 찬수 : 내 카드의 차이는 1이야
>
> 영일 : 내 카드의 두 수를 더하면 10이 나와

카드는 모두 9장이다. 각자 2장씩 나눠 가졌기 때문에 1장의 카드가 남아 있다. 아이들의 힌트를 참고하여 각자 가지고 있는 카드와 남아 있는 카드가 무엇인지 찾아보자.

Tip | 먼저 상혁이가 가질 수 있는 카드는 6, 2 또는 9, 3 이다. 두 가지 경우를 기본으로 다른 친구들이 가질 수 있는 카드의 수를 생각해 보자.

남자아이와 여자아이는 몇 명일까?

찬수네 옆집에는 7형제가 살고 있다. 옆집은 형제가 많다 보니 늘 웃음소리와 떠드는 소리가 끊이지 않았다. 어느 날 집에 돌아오는 길에 찬수는 옆집 아주머니를 만났다. 공손히 인사를 한 찬수는 문득 옆집 아이들의 성별이 궁금해졌다.

"아주머니네 아이들은 남자아이가 많아요, 여자아이가 많아요?"

찬수가 묻자, 아주머니는 수수께끼 같은 답을 하셨다.

"첫째는 여동생이 셋 있고, 둘째보다 나이 많은 아이는 남자란다. 셋째는 여자아이고, 여동생이 두 명 있지. 넷째는 남동생이 두 명 있고, 다섯째는 여동생이 한 명 있단다. 여섯째는 여자아이고 여동생이 없지. 자! 이 정도면 알 수 있겠지? 우리 집에 남자아이와 여자아이는 몇 명일까?"

> 주어진 사실 : 첫째는 여동생이 셋이다
>
> 둘째보다 나이가 많은 아이는 남자다
>
> 셋째는 여자이고 여동생이 두 명 있다
>
> 넷째는 남동생이 두 명 있다
>
> 다섯째는 여동생이 한 명 있다
>
> 여섯째는 여자이고 여동생이 없다

찬수는 아주머니가 낸 수수께끼를 맞힐 수 있을까?

Tip | 먼저 첫째와 막내의 성별을 알아보자.

그들은 무엇을 하고 있을까?

형호, 찬수, 상혁은 영일이네 집에 모여 한 사람은 컴퓨터 게임을 하고, 한 사람은 TV 시청을 하고, 한 사람은 책을 보고, 한 사람은 음악을 듣고 있다.

형호, 찬수, 상혁, 영일이는 지금 각자 무엇을 하고 있을까?

> 형호는 컴퓨터 게임을 하지 않으며, 음악도 듣지 않는다
>
> 찬수는 TV 시청을 하지 않으며, 컴퓨터 게임도 하지 않는다
>
> 형호는 책을 읽지 않고, 영일이는 TV 시청을 하지 않는다
>
> 상혁이는 음악을 듣지 않으며, TV 시청을 하지 않는다
>
> 영일이는 음악을 듣지 않으며, 컴퓨터 게임도 하지 않는다

	컴퓨터 게임	TV 시청	독서	음악 감상
형호				
찬수				
상혁				
영일				

Tip | 주어진 사실을 참고하여 위의 표에 표시해 보자. 우선 하지 않는 것에 X표를 해 보면 지금 무엇을 하고 있는지 쉽게 찾을 수 있다.

참고답안

사람들마다 생각이 다를 수 있다. 어떤 답이 절대적으로 옳다고 말할 수 없기 때문에 여기에 있는 답은 참고답안일 뿐이지 정답이 아니다. 그리고 혹시 답이 나와 있지 않은 문제는 자유롭게 생각하면 된다.

CHAPTER 1
논리적으로 생각하기

어떤 방패도 뚫을 수 있는 창, 어떤 창도 막아 낼 수 있는 방패?

1. ② 2. ④ 3. ③ 4. ② 5. ④ 6. ①, ②, ③, ④

달걀 프라이와 논리의 관계는?

1. ①, ③, ⑤, ⑥ 2. ② 3. ④ 4. ③ 5. ③ 6. ④

일상생활 속에 녹아 있는 논리

1. ③ 2. ③, ⑥ 3. ③ 4. ④ 5. ④

논리적인 문장 고르기

1. ② 2. ② 3. ② 4. ② (다른 원인으로 운동장이 젖을 수도 있다.) 5. ② 6. ① 7. ② (훌륭한 학생이라고 해서 절대 거짓말을 안 한다고 장담할 수 없다.) 8. ② 9. ① 10. ② (다른 이유로 투표를 안 했을 수도 있다.) 11. ② 12. ②

논리퀴즈

1. 찬수는 3번 집, 선미는 2번 집, 승원이는 1번 집에 살고 있다.

2. 3개. 2개를 꺼냈을 경우, 서로 다른 색깔의 양말일 수 있다. 만약 3개를 꺼내면, 꺼낸 양말 중의 하나와 한 켤레를 만들 수 있다.

3. 혜련이는 비서, 찬수는 마케터, 승원이는 세일즈맨이다.

4. 찬수는 중1, 선미는 중2, 혜련이는 중3이다.

5. 찬수

CHAPTER 2
개념이란 무엇일까?

오해를 피하는 방법!

1. 모두 정답! 2. ①, ④ 3. ④ (초등학교, 중학교, 대학교 중 어느 학교 졸업생인지 알 수 없다.)
4. ① 5. ①, ④ 6. ③ 7. ①, ②, ③, ④, ⑤, ⑥, ⑧ 8. ④

이승기는 단독 개념, 빅뱅은 보통 개념!

1. ① 2. ② 3. ① 4. ② 5. ① 6. ② 7. ② 8. ① 9. ① 10. ② 11. ① 12. ②

개념과 개념 사이에도 인연이 있다?

1. ③ 2. ② 3. ② 4. ① 5. ③ 6. ② 7. ② 8. ④ 9. ③ 10. ①

논리퀴즈

1. '빨강과 파랑'이라고 쓰인 상자에서 장난감을 꺼내야 한다. 모든 상자의 이름이 잘못 붙여 있기 때문에 '빨강과 파랑' 상자 속에는 '빨강'과 '파랑' 장난감이 함께 들어 있을 수 없다.

2. A는 수학 선생님, B는 영어 선생님, C는 국어 선생님이다. C는 수학 선생님의 형이라고 했기 때문에, 절대 수학을 가르치지 않을 것이다. 그리고 C는 남자 선생님이기 때문에 영어 선생님도 아니다. 따라서 C는 국어 선생님이다. A는 수업 시간에 오직 우리말만 쓴다고 했으므로 영어 선생님이 아니다. 따라서 A는 수학 선생님이다. 나머지 B는 영어 선생님이다.

3. 나무 상자 3에는 밧줄이 있다. 나무 상자 1과 4의 말은 서로 모순되기 때문에, 그중 하나는 반드시 진짜일 것이다. 진짜를 말하는 문구는 하나뿐이라고 했으므로 나머지 나무 상자는 거짓이다. 따라서 나무 상자 3에는 밧줄이 들어 있다.

CHAPTER 3
사실 판단하기

지혜로운 솔로몬

1. ④ **2.** ③ **3.** ④ **4.** ③ **5.** 모두 정답 **6.** ②,③,④,⑥ **7.** ② **8.** ① **9.** ② **10.** ① **11.** ②
12. ② **13.** ② **14.** ① **15.** ② **16.** ②

생각은 눈에 보이지 않아!

1. ③ **2.** ③ **3.** ③ **4.** ③ **5.** ④ **6.** ② (한국인과 미국인을 합쳐서 6명인지, 각각 6명인지 알 수 없다.) **7.** ③ (누가 아픈지 알 수 없다.)

판단도 종류별로 골라 하자!

1. ①, ③, ⑥ **2.** ①, ④, ⑤ **3.** ①, ③, ⑤ **4.** ①, ④, ⑤ **5.** ②, ③, ⑥, ⑦ **6.** ①, ③, ⑥ **7.** ②, ③, ⑤ **8.** ②, ④, ⑥ **9.** ①, ③, ⑤, ⑦ **10.** ②, ④, ⑥, ⑦

논리퀴즈

1. 상자 2에 과일이 있다. 상자 1과 상자 7, 상자 3과 상자 5, 상자 4와 상자 6의 말들은 서로 모순된다. 두 개의 말 중, 하나는 꼭 사실이기 때문에 상자 2의 말은 반드시 거짓이다. 그러므로 상자 2에는 반드시 과일이 있다.

2. '시'만 나오고 다른 것은 모두 나오지 않는다. 시와 소설 중 하나는 꼭 나오지만, 둘 다 나오지는 않는다고 했으므로 1번, 2번, 8번은 아니다. 소설과 수필은 둘 다 나오거나 둘 다 나오지 않는다고 했으므로 3번, 5번, 6번은 아니다.
시가 나오지 않으면 수필도 나오지 않는다고 했으므로 4번은 아니다. 따라서 국어 시험은 '시'만 나온다.

	시	소설	수필
1	O	O	O
2	O	O	×
3	O	×	O
4	×	O	O
5	×	×	O
6	×	O	O
7	O	×	×
8	×	×	×

3. 승원이는 텔레비전을 보고 있고, 혜련이는 책을 보고 있다. 찬수는 컴퓨터를 하고 있고, 희선이는 전화를 하고 있다.

	컴퓨터	책	텔레비전	전화
승원	×	×	O	×
혜련	×	O	×	×
찬수	O	×	×	×
희선	×	×	×	O

4. 찬수는 경찰, 혜련이는 소방대원, 선미는 군인이다. 첫 번째 힌트에 따라 선미는 경찰이 아니라는 것을 알 수 있다. 두 번째 힌트에 따라 혜련이는 군인이 아니라는 것을 알 수 있다. 세 번째 힌트에 따라 찬수는 군인이 아니라는 것을 알 수 있다. 그러므로 C는 군인이라는 것을 알 수 있다.

	소방대원	군인	경찰
찬수	×	×	O
혜련	O	×	×
선미	×	O	×

이랬다저랬다 하지 마! : 동일 원리

1. ② 2. ③, ⑥ 3. ③

하나는 반드시 거짓! : 모순 원리

1. ① 2. ②, ③, ⑤ 3. ③

하나는 반드시 참! : 배중 원리

1. ① 2. ② 3. ③

잘못된 논리 찾기

1. ② (죄인이란 법을 어긴 사람이 법률의 제재를 받는 것을 말한다.) 2. ④ 3. ③ (모든 것을 녹일 수 있는 약품을 담을 수 있는 병은 없다.) 4. ③ 5. ① 6. ② ('어머니'의 뜻이 다르게 쓰였다.) 7. ③ (선

생님의 말 자체도 절대적으로 정확하지 않다.) 8. ④ 9. ④ 10. ④ 11. ③ 12. ② 13. ①
14. ② 15. ① 16. ④

논리퀴즈

1.

월요일	화요일	수요일	목요일	금요일	토요일	일요일
선미	승원	찬수	지원	기표	희선	혜련

2. 승원이, 지원이, 기표. 혜련이는 지원이와 함께 노래하고 싶지 않지만, 지원이는 그렇지 않으므로 혜련이를 합창 단원에서 빼야 한다.

3. 문학

4. 1번과 4번이 가능성이 있다. 첫 번째 힌트에 따라 찬수가 혼자 훔칠 가능성을 배제한다. (7번) 두 번째 힌트에 따라 승원이가 범인일 때, 선미가 범인이 아닐 가능성을 배제한다. (3번, 5번) 세 번째 힌트에 따라 찬수가 범인이 아닐 때, 승원이가 범인인 경우를 배제한다. (2번) 네 번째 힌트에 따라 세 사람이 죄를 짓지 않은 것과 찬수와 승원이가 절도할 가능성이 없다는 것을 배제한다. (6번, 8번) 이러면 오직 1과 4의 가능성만 존재하게 된다.

	찬수	선미	승원
1	○	○	○
2	×	○	○
3	×	×	○
4	○	○	×
5	×	×	○
6	×	○	×
7	○	×	×
8	×	×	×

친구가 콧물을 흘리고 기침을 한다면? : 연역 추리

1. ③ 2. ①, ②, ④ 3. ① 4. 모두 정답

사람은 모두 죽는다 : 삼단 논법

1. ③ 2. ④ 3. ② 4. ③, ④ 5. ①

다 아는 건 빼! : 생략 삼단 논법

1. ③ 2. ④ 3. ① 4. ③ 5. ④

전제의 결론을 찾아보자

1. ① 2. ④ 3. ④ 4. ④ (젊은이들만 노래를 좋아하는 것은 아니다.) 5. ① (고전 문학만 예술성이 있는 것이 아니다.) 6. ③ (우수한 아이는 성적이 좋지만, 성적이 좋다고 해서 반드시 우수한 아이라고

할 수는 없다.) **7. ④ 8. ② 9. ③ 10. ② 11. ②**

논리퀴즈

1. 상혁이의 직업은 경찰, 찬수는 교사, 선미는 변호사이다. 첫 번째 힌트를 통해 상혁이는 교사가 아니며, 상혁〉교사의 공식이 성립된다. 두 번째 힌트를 통해 찬수는 변호사가 아니며, 찬수〉변호사의 공식이 성립된다. 세 번째 힌트를 통해 선미는 교사가 아니라는 것을 알 수 있다. 힌트를 종합해 봤을 때, 상혁이와 선미가 교사가 아니므로, 찬수가 교사이며, 상혁〉찬수(교사)〉변호사의 공식이 성립된다. 이 공식을 통해 선미는 변호사이며, 상혁은 경찰이라는 사실을 알 수 있다.

	변호사	경찰	교사
상혁	×	○	×
찬수	×	×	○
선미	○	×	×

2. 먼저 혜련이의 남편과 영일의 아내를 찾아보자. 첫 번째 힌트에서 혜련이의 남편은 춤을 추고 있으므로 기타를 치는 형호와 춤을 추지 않는 찬수는 혜련이의 남편이 아니다. 또한 혜련이의 남편과 춤을 추고 있는 사람은 영일의 아내이므로 영일도 혜련이의 남편이 아니다. 따라서 혜련이의 남편은 상혁이다. 영일의 아내는 춤을 추고 있다고 했으므로, 피아노를 치고 있는 승원이와 춤을 추지 않는 희선이는 영일의 아내가 아니다. 따라서 영일의 아내는 현정이다.

희선의 남편은 형호가 아니라고 했으므로, 형호는 승원의 남편이다. 그리고 희선이의 남편은 자연스레 찬수가 된다.

	영일	형호	상혁	찬수
혜련	×	×	○	×
현정	○	×	×	×
승원	×	○	×	×
희선	×	×	×	○

2. 3승 1패. 힌트를 통해 각 반마다 4번의 경기를 했음을 알 수 있다. 다섯 반이 4번의 경기를 하므로 총 경기는 20번이다. 20번의 경기에서 무승부는 없었으므로 총 10승 10패가 되어야 한다. 승원, 상혁, 현정, 선미의 반 경기 결과를 합치면 총 7승 9패이므로 찬수네 반은 3승 1패의 결과를 갖는다.

4. 1등 형호, 2등 영일, 3등 상혁, 4등 찬수

	영일	형호	상혁	찬수
1등	×	○	×	×
2등	○	×	×	×
3등	×	×	○	×
4등	×	×	×	○

남자아이들은 모두 운동을 잘한다? : 귀납 추리

1.① 2.②, ③ 3.①, ③, ④, ⑤, ⑥ 4.④ 5.④ 6.④

아니 땐 굴뚝에 연기 날까? : 인과 관계

1.③ 2.③ 3.① 4.①, ③, ⑤, ⑥

왜 배탈이 났을까? : 일치법과 차이법

1.④ 2.③ 3.② 4.③ 5.② 6.① 7.③ 8.③

논리퀴즈

1. 선미의 성적이 제일 좋고 찬수의 성적이 제일 나쁘다. 첫 번째 힌트를 통해 승원〉상혁, 두 번째 힌트를 통해 현정〉찬수, 세 번째 힌트를 통해 선미〉희선〉승원, 네 번째 힌트를 통해 희선〉상혁〉현정과 같이 정리할 수 있다. 이를 차례대로 배열해 보면, 선미〉희선〉승원〉상혁〉현정〉찬수와 같이 정리할 수 있다. 따라서 가장 성적이 좋은 사람은 선미고, 가장 성적이 나쁜 사람은 찬수다.

2. 독일어를 할 수 있는 사람은 승원이밖에 없기 때문에 독일어로 대화할 수 없다. 따라서 승원이는 프랑스어를 쓸 수밖에 없기 때문에, 양옆에 프랑스어를 쓸 수 있는 현정이와 찬수가 와야 한다. 현정이는 일어를 할 수 있기 때문에 현정이 옆에는 상혁이가 앉아야 하고, 찬수는 영어를 할 수 있기 때문에 찬수 옆에는 선미가 앉아야 한다. 그림을 그려 보면 오른쪽과 같다.

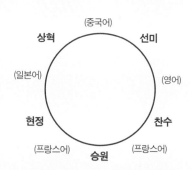

3. 아버지가 가장 늦게 들어왔다. 아버지의 말에 따르면, 찬수는 가장 늦게 들어오지 않았다. 어머니의 말에 따르면, 선미는 가장 늦게 들어오지 않았다. 찬수의 말에 따르면, 어머니는 가장 늦게 들어오지 않았다. 따라서 가장 늦게 들어온 사람은 아버지다.

4. 찬수네 집에서는 꽃을 판다.

과일 가게	편의점	옷 가게
승원이네	찬수네	문구점

참새는 '짹짹' : 유비 추리

1.③ 2.①, ② 3.④ 4.④

일란성 쌍둥이도 다른 점이 있다

1.③ 2.① 3.②

위대한 과학 발명의 시작은?

1.③ 2.③

어떤 추리 방법을 사용했을까?

1. ② 2. ① 3. ① 4. ② 5. ② 6. ① 7. ③ 8. ① 9. ① 10. ③ 11. ③ 12. ① 13. ②
14. ②

논리퀴즈

1. 아버지는 요리, 어머니는 집안 청소, 찬수는 빨래, 동생은 세차를 한다.

	요리	집안 청소	빨래	세차
아버지	○	×	×	×
어머니	×	○	×	×
찬수	×	×	○	×
동생	×	×	×	○

2. 세 명이 거짓말을 하고 있다. 만약 A가 한 말이 진실이라면 B가 거짓말을 하는 것이고 반대로 만약 A가 한 말이 거짓말이라면 B가 한 말이 진실이다 그러므로 두 사람 중 꼭 한 사람은 거짓말을 했다. C와 D도 마찬가지이다. 그중 오직 한 사람만 거짓말을 했다. 또한 C와 D가 동시에 거짓말을 할 수 없으므로 E의 말은 반드시 거짓말이다. 그러므로 다섯 명 중 세 명이 거짓말을 했다.

3. 영일이네 반이 1등, 찬수네 반이 2등, 상혁이네 반이 3등, 형호네 반이 4등이다. 각 반은 세 경기씩 치르므로 12번의 경기를 한 것이고, 무승부는 없으므로 총 6승 6패가 되어야 한다. 찬수네 반은 한 경기 졌으므로 2승 1패, 상혁이네 반은 찬수네 반보다 한 경기 적게 이겼으므로 1승 2패, 찬수네 반은 영일이네 반보다 한 경기 적게 이겼으므로 3승 0패이다. 나머지 형호네 반은 자연스럽게 0승 3패가 된다.

CHAPTER 8
증명하고 반박하기

증명해 봐!

1. ④ 2. ①, ⑥ 3. ③ 4. ②, ③ 5. ①

모든 쌍둥이는 같을까? : 논리 증명 방법

1. ④ 2. ⑤ 3. ③ 4. ④ 5. ⑤ 6. ① 7. ② 8. ⑤ 9. ⑤ 10. ② 11. ②

네 말은 틀렸어! : 반박

1. ⑤ 2. ③ 3. ②

논리퀴즈

1. 첫 번째 상자 안은 빨간색, 두 번째 상자 안은 주황색, 세 번째 상자 안은 노란색, 네 번째 상자 안은 초록색, 다섯 번째 상자 안은 검은색이다. 이미 알고 있는 사실에 따라 다음과 같은 결과를 얻을 수 있다. 첫 번째 상자에 오직 상혁이만 빨간색 구슬이 있다고 말했다. 그러므로 무조건 맞는 답이다. 첫 번째 답이 나왔다면 다섯 번째 상자 안에 초록색이 있다는 틀린 답이다. 그러므로 다섯 번째 상자 안에는 검은색 구슬이 있을 것이다. 이런 식으로 틀린 답을 제거하다 보면 각 상자 안에 어떤 색 구슬이 들었는지 맞힐 수 있다.

2. 상혁이가 가진 카드는 2, 6 형호가 가진 카드는 3, 8 찬수가 가진 카드는 4, 5 영일이가 가진 카드는 1, 9 남아 있는 카드는 7이다.

먼저 상혁이가 가질 수 있는 카드는 6, 2 / 9, 3이므로 이 두 가지의 경우를 나누어 생각해 보자.

① 상혁이가 6, 2 카드를 가졌을 때

형호가 가질 수 있는 카드는 3, 8 / 4, 6 카드인데 상혁이가 6 카드를 가졌으므로 형호가 가진 카드는 3, 8 카드 이다.

영일이 가질 수 있는 카드는 1, 9 / 2, 8 / 3, 7 / 4, 6 카드인데 상혁이가 6 카드를 가졌고, 형호가 3, 8 카드를 가졌으므로 영일이가 가진 카드는 1, 9 카드이다.

이 결과 남은 카드는 4, 5, 7 카드인데 찬수가 가진 카드의 차가 1이어야 하므로 찬수는 4, 5 카드를 가졌고, 남아 있는 카드는 7 카드인 것이다.

② 상혁이가 9, 3 카드를 가졌을 때

형호가 가질 수 있는 카드는 3, 8 / 4, 6 카드인데 상혁이가 3 카드를 가졌으므로 형호가 가진 카드는 4, 6 카드이다.

영일이 가질 수 있는 카드는 1, 9 / 2, 8 / 3, 7 / 4, 6 카드인데 상혁이가 3, 9 카드를 가졌고, 형호가 4, 6 카드를 가졌으므로 영일이가 가진 카드는 2, 8 카드이다.

이 결과 남은 카드는 1, 5, 7 카드인데 카드의 차가 1이 되는 카드가 없으므로 이 경우는 틀린 추리가 된다.

따라서 답은 ①의 경우이다.

3. 첫째는 남자, 둘째는 남자, 셋째는 여자, 넷째는 여자, 다섯째는 남자, 여섯째는 여자, 일곱째는 남자다. 둘째보다 나이가 많은 아이는 남자라고 했으므로 첫째는 남자다. 그리고 여섯째는 여동생이 없다고 했으므로 일곱째는 남자다. 넷째는 남동생이 2명 있다고 했으므로 다섯째는 남자다. 셋째는 여동생이 2명 있다고 했으므로 넷째는 여자다. 첫째는 여동생이 3명 있다고 했으므로 둘째는 남자다.

4. 형호는 TV 시청을 하고, 찬수는 음악 감상을 하고, 상혁이는 컴퓨터 게임을 하고, 영일이는 책을 읽는다.

	컴퓨터 게임	TV 시청	독서	음악 감상
형호	×	○	×	×
찬수	×	×	×	○
상혁	○	×	×	×
영일	×	×	○	×

지은이 리앙즈웬(梁志援)

저자는 홍콩 이공대학과 마카오 동아대학(마카오 대학)에서 경영관리 학사학위, 마케팅 학사학위와 석사학위를 받았으며, 아동사고훈련 및 컴퓨터교육 분야에서 많은 현장 경험을 가지고 있다. 현재 홍콩 컴퓨터학회, 영국 특허마케팅학회, 홍콩 컴퓨터교육학회와 홍콩 인터넷교육학회 회원으로 활동하고 있다. 또한 컴퓨터 과학기술, 심리학, 신경언어학(NLP)을 통해 아동과 청소년 양성에 주력해 왔다. 그는 또한 사고방법, 교수법, 잠재의식 운영, 심리학 등의 관련 학문을 공부했다.
홈페이지 www.youngthinker.net

옮긴이 이선애

중국 길림성 연변대학 신문방송학과를 졸업하고 3년 동안 기자로 활동했다. 이후 좋은 책을 만드는 사람이 되고 싶어 5년 동안 편집인으로 살다가 한국 연세대학교 중어중문학과 문화학전공 석사 졸업, 현재 동대학원 박사과정에 있다. 번역서로는《영어그림책 읽어주는 엄마》,《그림책 읽어주는 엄마》등이 있다.

한언의 사명선언문

Since 3rd day of January, 1998

Our Mission – 우리는 새로운 지식을 창출, 전파하여 전 인류가 이를 공유케 함으로써 인류문화의발전과 행복에 이바지한다.

– 우리는 끊임없이 학습하는 조직으로서 자신과 조직의 발전을 위해 쉼없이 노력하며, 궁극적으로는 세계적 컨텐츠 그룹을 지향한다.

– 우리는 정신적, 물질적으로 최고 수준의 복지를 실현하기 위해 노력하며, 명실공히 초일류 사원들의 집합체로서 부끄럼없이 행동한다.

Our Vision 한언은 콘텐츠 기업의 선도적 성공모델이 된다.

저희 한언인들은 위와 같은 사명을 항상 가슴 속에 간직하고
좋은 책을 만들기 위해 최선을 다하고 있습니다.
독자 여러분의 아낌없는 충고와 격려를 부탁드립니다.
• 한언 가족 •

HanEon´s Mission statement

Our Mission – • We create and broadcast new knowledge for the advancement and happiness of the whole human race.

– • We do our best to improve ourselves and the organization, with the ultimate goal of striving to be the best content group in the world.

– • We try to realize the highest quality of welfare system in both mental and physical ways and we behave in a manner that reflects our mission as proud members of HanEon Community.

Our Vision HanEon will be the leading Success Model of the content group.